존 번연

존 번연

오병학 지음

규장

진리를 향한 순례자의 길

'존 번연' 하면 대부분의 사람들은
《천로역정》을 떠올린다. 그러나 그가 이 책 외에 어떤 책을 썼는지,
그의 생애가 어떠했는지에 대해서는 거의 모르고 있다. 그런 의미
에서 그의 생애에 대한 글은 흥미와 호기심을 불러 일으키기에 충
분하다.

신앙 위인들의 생애를 깊이 살펴보면 그들은 서로 다른 시대와 공
간에서 살았음에도 불구하고 한 가지 공통점이 있다. 그들 스스로
자신을 '개혁자'라고 부르지는 않았지만 그들의 신앙에는 모두 개
혁정신이 담겨 있다는 점이다.

존 번연도 마찬가지이다. 그는 훌륭한 고전을 남겼을 뿐 아니라
양심적 신앙을 지키면서 소신껏 행동했다. 그로 인해 다른 많은 그
리스도인들에게 무언의 개혁정신을 남겨주었다.

마르틴 루터는 가톨릭교회라는 거대한 상대와 싸웠던 개혁자였
던 반면에 존 번연은 영국국교회라는 조직적인 구조악에 대항하여
싸운 개혁자였다. 그는 평신도로서 사람들 앞에서 설교했다는 죄목
으로 당국에 체포당하기도 했다.

이런 일을 겪으면서 그는 사람들이 만든 법이 하나님의 법을 무너
뜨리며 세속화되어가는 교회를 걱정했다. 그리고 무려 12년 동안이

나 고통스런 감옥살이를 하면서도 소신을 굽히지 않고 끝까지 불의에 항거했다.

그의 이런 정신적인 싸움은 결국 영국 국민들에게 개혁의 서광과 모든 비국교도에게 신앙의 자유를 가져다주는 결정적인 힘이 되었다. 또한 그의 이런 행적은 한 영혼이 부르짖는 양심의 호소력이 얼마나 큰 힘을 지니는지를 전 세계 사람들에게 보여준 것이기도 했다.

존 번연은 가난한 용접공의 아들로 태어나 제대로 된 교육을 받아본 적 없는 최하층 계급의 사람이었다. 그러나 오랜 영적 싸움과 시련을 겪은 후에 마침내 승리를 거두어 수많은 사람들에게 체험적인 산 복음을 들려주었다.

존 번연의 한 친구는 그에 대해 이렇게 말했다.

"그는 많은 곤욕을 겪었음에도 불구하고 결코 누구를 비난하려 하지 않았고, 도리어 자기 일로 남을 비난한 자를 꾸짖기까지 했다. 그의 훌륭한 인격과 굳은 신앙심은 정말 높이 살 만하다."

오 병학

저자의 말

차례

사납고 못된 아이

존 번연은 1628년에 영국의 베드퍼드셔 주에 있는 엘스토라는 마을에서 출생했다. 지금도 베드퍼드에는 두 손으로 성경을 들고 하늘을 바라보는 존 번연의 동상이 우뚝 세워져 있고, 엘스토 마을에는 마을 이름과 함께 《천로역정》의 주인공이 무거운 죄짐을 지고 길을 떠나는 그림이 새겨진 간판이 세워져 있다.

그는 자기의 아버지를 가리켜 가장 신분이 낮고 비천한 계층의 사람이라고 말했다. 실제로 그의 부친은 용접공이었으며, 그도 아버지의 뒤를 이어 용접공으로 살아가야 했다.

존 번연의 생애를 연구해 온 존 브라운 박사에 따르면, 그의 아버지는 11세기 후반에 영국을 정복한 노르만의 후예였다고 한다. 하지만 그런 그의 가문을 기억해주는 사람은 아무도 없었고, 그는 먹고 살기 위해 천하고 힘든 일이라도 할 수밖에 없었다.

그러나 그는 그런 자신의 처지나 가족에 대한 열등감을 갖지 않았다. 오히려 비천하고 가난한 생활을 감사하고 자랑스러워했다. 자신이 낮고 천한 자였기 때문에 하나님의 각별한 사랑을 받았고, 복음 안에서 그리스도와 함께 사는 생명의 은총을 받았다는 고백에서 성숙한 그리스도인의 모습을 발견할 수 있다.

$$\approx$$

존 번연의 부모님은 신분도 직업도 보잘것없었다. 그러나 자녀의 교육에는 특별히 관심을 기울였다.

그가 일곱 살이 되었을 때, 그의 아버지는 아들을 학교에 보냈다.

"존, 너도 이제 학교에 다니면서 공부할 나이가 되었잖니?"

그러나 존은 시큰둥한 반응을 보였다.

"난 학교에 다니기 싫어요. 나중에 더 커서 다닐래요."

"그게 무슨 말이니. 무엇이든 다 때가 있는 법이야. 더구나 사내 녀석이 글자를 읽고 쓰는 정도는 익혀야지. 그렇지 않으면 이 아비처럼 답답한 세상을 살 수밖에 없단다. 그러니 아무 말 말고 이제부터 학교에 다니렴. 알겠니?"

"…."

이렇게 하여 존은 학교에 다니면서 글자를 읽고 쓰는 정도의 기초 공부를 시작했다. 그는 훗날 자서전에서 '나는 학교에서 아리스토텔레스와 플라톤을 배운 일이 없다. 가난한 시골에서 아버지의 일을

도우면서 자랐을 뿐이다'라고 했다. 이것은 그가 고등교육을 받은 일이 없다는 것을 단적으로 증명해준다.

어쨌든 존 번연은 학교에 다니긴 했지만 노는 일에만 정신을 쏟을 뿐 공부에는 전혀 관심이 없었다. 그래서 그가 학교 생활을 통해서 얻은 지식과 공부한 결과는 그다지 신통치 않았다.

"존, 오늘은 무엇을 배웠니?"

"잘 생각나지 않아요."

"그게 무슨 소리냐? 공부를 하고서도 생각나지 않는다니…"

"…"

"아니, 바보가 아닌 이상 어떻게 오늘 배운 것을 벌써 잊어버리고 생각도 나지 않는다는 말이냐?"

"…"

아마도 존 번연은 초급 학교만 마치고 더 이상 진학은 하지 않았던 것 같다.

어린 시절의 존 번연은 눈에 별로 띄지 않는 평범한 소년이었다. 아니, 평범하다기보다 어쩌면 조금 모자라는 아이였다는 표현이 옳을지도 모르겠다. 많은 위인들의 어린 시절처럼 두각을 나타내는 영리한 소년은 아니었다. 오히려 고삐 풀린 망아지처럼 제멋대로 행동했다.

그는 훗날 그의 저서 《죄인 괴수에게 넘치는 은혜》에서 당시의 상황을 다음과 같이 기록했다.

당시 나는 하나님을 전혀 알지 못했고, 이 세상의 풍조를 따라 헤맸으며, 불순종의 아들들 속에서 활개치는 악령을 따라 사는 생활을 했다. 나는 내 마음대로 사는 일에 푹 빠져 있었고, 악마가 지시하는 대로 따라서 사는 일이 즐거웠다.

악마의 힘은 내가 어렸을 때부터 내 마음속에서 강하게 작용했고, 그 힘은 얼마 지나지 않아 겉으로 드러났다. 아무한테나 예사로 욕을 했고, 거짓말과 저주 그리고 심지어는 하나님의 거룩한 이름을 모독하는 말도 함부로 내뱉었다. 그때 당시 나는 어린아이였지만 욕과 못된 말로는 나를 이길 상대가 아무도 없을 정도였으니, 더 무슨 말을 하겠는가.

존 번연의 이런 고백이 약간 과장된 것이기는 하지만 어렸을 적의 그는 누가 보아도 짓궂고 사나운 아이였음이 분명하다. 그는 말과 행동이 상당히 거칠었고, 악한 습관이 몸에 깊이 배어 어느새 원래부터 성품이 악한 아이처럼 되어 있었다.

그러던 어느 날, 존 번연은 다른 아이들에게서 이상한 말을 들었다.

"존, 너처럼 거짓말을 잘하는 아이는 나중에 어떻게 되는 줄 아니? 너 같은 아이는 지옥에 간대."

아이들이 농담을 섞어 그를 놀린 것이지만 아주 틀린 말은 아니었다. 늘 그렇듯 그는 친구들의 놀림 따위는 천연덕스럽게 잘 받아넘겼다.

"응, 잘 기억해둘 테니 염려하지 마. 그렇지만 내가 지옥에 떨어진다면 반드시 너희들도 끌고 함께 갈 걸?"

　존 번연은 아이들의 말을 겉으로는 아무렇지도 않은 듯 받아넘겼지만, 이상하게 그 말이 그의 가슴속에 파고들었다. 아무렇지 않게 행동하고 잊어버리려고 해도 그 말이, 그 목소리가 귓가에서 맴돌았다. 그는 잔잔한 충격에 빠졌다.

　'내가 계속해서 이렇게 살면 정말 지옥으로 떨어질지도 몰라. 내가 생각해도 나는 착한 아이가 아닌 걸. 하나님을 믿는 사람들이 분명히 무서운 지옥이 있다고 말하던데…'

　그날 밤 존 번연은 온몸이 식은땀에 젖어 축축해지도록 악몽에 시달렸다. 무서운 꿈에 놀라서 벌벌 떨었다.

　꿈속에서 악마와 악령이 나타나더니 그를 잡아서 끌고 가려고 했다. 악마와 악령은 새까만 형상이었는데 그 손에서 벗어나 달아나려고 했지만 도저히 도망칠 수가 없었다.

　'사람 살려, 사람 살려!'

　존 번연은 몸부림을 쳤다. 큰소리로 살려달라고 외쳤지만 그를 구해주는 사람은 아무도 없었다.

　'아, 이젠 정말 지옥에 끌려가는구나. 어떻게 하면 좋지? 하나님, 제발 살려주세요!'

　사실 그것은 단순한 악몽이었다. 그러나 훗날 존 번연은 그 일을 가리켜 '분노에 찬 하나님께서 나를 깨우치려고 드신 채찍이었다'라고 말했다.

　이런 꿈을 꾼 후에 어린 존 번연은 막연하게 자기의 나쁜 행동 때문에 벌을 받게 될지도 모른다는 생각을 하기 시작했고, 그것은 그의 남모르는 고민이 되었다. 하나님의 심판을 받아 지옥으로 갈 게 분명하다는 생각이 들 때면 존 번연은 그날 밤의 악몽이 생각나서 두려운 마음에 사로잡히곤 했다.

그 후 존 번연은 아버지에게 지옥에 대해 이야기를 했다.

"아버지, 물어볼 게 있어요."

"뭘 말이냐?"

"지옥은 정말 있을까요?"

"글쎄, 만약 지옥이 없다면 이 땅에서 악하게 사는 사람들이 어디로 가겠니?"

"그러니까 아버지는 지옥이 있다고 믿는 거지요?"

"그런 셈이지. 그러니 너도 지옥에 가고 싶지 않으면 착한 마음을 가지고 살아가야 해. 사람은 누구나 죽게 되어 있으니까."

존 번연은 그 후로 더욱 마음이 혼란스러웠다. 날마다 착한 마음을 갖기로 결심하지만 막상 아이들과 놀 때면 거짓말하고 욕하는 습관을 고칠 수가 없었기 때문이었다.

언젠가는 이런 생각을 하기도 했다.

'만약 내가 지옥에 떨어질 수밖에 없다면 악마에게 괴로움을 당하는 쪽보다도 차라리 내가 악마가 되어 남들을 괴롭히는 쪽이 더 낫지 않겠어?'

그런 생각을 하다가도 깜짝 놀라 생각을 바꾸었다.

'아냐, 내가 이런 나쁜 생각을 해선 안 돼. 지옥도 있고 천국도 있다고 하니까 천국에 가면 되잖아.'

그러나 이런 심각한 고민은 오래가지 않았다. 아직 어린 나이였기에 시간이 지나자 악몽의 두려움이 서서히 사라졌고, 그와 함께 자연스럽게 지옥에 대한 고민도 없어졌다.

그러면서 이때부터는 더욱 본능에 사로잡혀서 살기 시작했다. 마음이 가는 대로, 하고 싶은 대로 살았다.

그는 훗날 이 무렵의 상황을 이렇게 회고했다.

나는 그때 이전보다 한층 더 강한 탐욕에 사로잡혀서 본능이 이끄는 대로 정욕의 고삐를 늦추지 않고 살았다. 그리고 하나님의 법을 깨트리며 사는 것이 마냥 좋았다. 어쨌든 나는 결혼을 하기까지 여러 가지 악을 행했고, 또래 젊은이들 중에서도 대장 노릇을 했다.

그는 이어서 다음과 같은 말도 했다.

내 안에서 육욕과 정욕이 얼마나 큰 힘을 발휘했던지, 만약 하나님의 놀랍고도 신기한 은혜에 의해 그 마음들이 제지당하지 않았다면 나는 결코 영원한 심판을 피하지 못했을 것이다. 뿐만 아니라 세상에서 가장 추악한 자로 철장 속에 내던져졌을 것이다.

물론 존 번연이 자기의 내면세계를 고백할 때 극단적인 표현을 쓰면서 자기를 악당 중에 악당으로 몰고 가는 경향이 있긴 하지만, 그당시 그가 죄의 충동에 끌려다녔던 것은 사실이다.

그의 내면이 그러했기 때문에 그는 종교도 멀리했다. 아니 멀리하는 정도가 아니라 끔찍이 싫어했다는 표현이 더 어울릴 것이다.

어느 날 그는 아버지에게 하나님을 믿는 것에 대한 불만을 털어놓았다.

"아버지는 하나님이 있다고 믿으세요?"

"글쎄다. 하나님을 믿는 사람들이 많으니까 나도 믿는다고 말할 수밖에…."

"아니, 남이 믿으니까 나도 믿어야겠다는 게 말이 되나요?"

"그럼 너는 하나님을 믿지 않니?"

"당연하지요. 그리고 사실 나는 다른 사람들이 하나님을 믿는 것도 이해가 안 가고 화가 나요. 성경이나 신앙에 대한 책을 읽는 사람들을 보기만 해도 속이 뒤틀리거든요. 참 어리석은 사람들이라고 생각해요."

"전에는 나한테 지옥이 정말 있느냐고 물어보더니, 이제 너는 지옥 같은 것은 없다고 믿기로 작정한 모양이구나."

"당연하지요. 천국이니 지옥이니 하는 것도 다 사람들이 만들어 낸 거예요."

"반대로 생각해 봐. 없다는 건 네 생각일 뿐이고 정말 있을지 누가 알겠니. 그러니 함부로 떠들고 다니지 말고 입 다물어라."

존 번연의 성격은 좀 특이한 데가 있었다. 어쩌면 사람들 모두가 그런지도 모를 일이다. 그는 자기가 마음 내키는 대로 나쁜 일을 태연히 저지르면서도 남이 비열한 행동을 하거나 불의를 행하는 것을 보면 그냥 지나치지 못했다. 참을 수 없는 분노 같은 것을 느끼곤 했다.

그런 이유로 언젠가는 착실한 기독교인 아이의 멱살을 움켜잡고

싸운 일도 있었다. 그 아이가 벌 받을 만한 말을 했다는 것이 그 이유였다. 이런 일은 분명히 그의 마음 깊이 양심이 살아 있다는 단적인 증거였다. 하나님은 우리 모두에게 양심을 주셔서 옳고 그름을 구별하게 하셨다. 사람들에게 손가락질을 받고 스스로 악하다고 여기는 존 번연의 마음속에도 양심은 존재하여 끊임없이 악한 길에서 돌이키라고 그에게 속삭이고 있었다.

죽을 뻔한 위기

　　　　　　그즈음 존 번연은 큰 변화와
전환을 맞았다. 죽을 뻔한 사고를 만난 것이다.

그가 열두 살이 되었을 때, 베드퍼드 옆으로 흘러가는 우즈 강에
서 보트를 타고 놀다가 죽을 뻔했다. 보트를 타고 강 중간쯤 이르렀
을 때 함께 타던 아이가 난간에서 장난을 치는 바람에 보트가 뒤집
히고 말았다.

"어푸, 어푸 … 사람 살려!"

존 번연은 정말 죽는 줄 알았다. 함께 배를 타고 놀던 아이도 물에
빠져 허우적거렸다.

다행히 그 곁을 지나던 사람이 있어 두 아이는 구조될 수 있었다.
조금만 더 늦었어도 그 아이들은 죽었을 것이다. 그런데 정말 기적
처럼 때마침 그 사람이 그 곁을 지나갔고, 그는 아이들을 구해줄 만

큼 건장한 사람이었다.

"보트를 타고 놀다가 물에 빠졌나보구나. 조심해서 놀아야지."

"고맙습니다. 우리를 살려주셔서 정말 고맙습니다."

존 번연이 누군가에게 진심으로 감사함을 느꼈던 적은 그때가 처음이었다.

그는 훗날 이런 일들을 회상하면서 다음과 같이 말했다.

> 하나님은 나를 버리지 않으셨다. 당시 나에게는 죄의식 같은 것이 전혀 없었는데 그런 일들을 통해서 심판이 무엇인가를 분명히 알려주셨고, 게다가 자비로운 심판이 무엇인가도 알려주셨기 때문이다.

존 번연은 또 얼마 후에 독사에 물려서 죽을 뻔했다. 이런 일도 결코 우연이 아니었다.

어느 날 그는 친구 두어 명과 함께 들판에 놀러갔다. 그는 종종 친구들과 이런 나들이를 했다. 우뚝 선 바위 곁을 지나고 있을 때 한 아이가 큰소리로 외쳤다.

"존, 독사야!"

"독사라구? 어디에 있는데?"

"바로 네 발 옆에!"

존 번연은 깜짝 놀라 자기도 모르게 펄쩍 뛰어 그 자리를 피했다. 사실 독사가 그의 발 옆의 어디에 있는지도 몰랐고, 어디로 피해야 하는지도 몰랐다. 그런데 그는 독사를 피해서 무사히 몸을 피할 수 있었다. 자기가 뛴 것이 아니라 마치 누가 위에서 자기의 몸을 들어 옆으로 옮겨준 것 같았다.

그가 있던 자리에는 커다란 독사 한 마리가 혀를 날름거리고 있었다. 정말 아슬아슬한 순간이었다.

"큰일날 뻔했어. 조금만 옆에 있었어도 독사한테 물렸을 걸."

"넌 오늘 죽을 뻔했다가 살아난 거야. 두 번 살게 된 거라고."

그는 두 번 살게 되었다는 친구의 말에 공감이 갔다. 그 독사는 독성이 강해서 물리면 살 가망이 거의 없었기 때문이다.

그런데 그는 살아난 것에 대해 감사하는 마음을 가지기는커녕 오히려 위험한 행동을 했다. 그는 막대기를 하나 주워서 손에 들고는 독사의 목을 누르기 시작했다. 독사는 움직이지 않고 있었기 때문에 나뭇가지로 쉽게 잡을 수 있었다.

"존, 무슨 짓을 하는 거야?"

"날 죽이려고 했어. 이런 고약한 놈을 그냥 살려 보낼 수는 없지. 안 그래?"

그가 힘을 주어 막대기를 꾹 누르자 독사는 입을 벌리며 날카로운 이빨을 드러냈다. 그 이빨은 사람을 죽이는 독을 뿜어내고 있었다.

존은 그 모습을 보고 독사 쪽으로 몸을 틀었다. 깜짝 놀란 아이들이 말했다.

"뭐하는 거야? 그쪽으로 가면 위험해. 얼른 이리 와."

"싫어. 나는 독사의 이빨을 뽑아버릴 거야."

"뭐라고? 맨손으로 독사의 이빨을 어떻게 뽑겠다는 거니?"

"누가 이 막대기를 나 대신 힘껏 눌러만 줘. 그러면 내가 가서 이빨을 뽑을게.”

“제발 그만둬, 위험하잖아. 잘못하면 독이 오를 거야.”

그러나 존 번연은 결심을 굳히고 기어이 손으로 독사의 이빨을 뽑아내고 말았다. 독사의 목이 막대기에 눌려 있었기에 망정이지, 자칫하면 생명도 잃을 수 있는 위험한 상황이었다.

이 일을 두고 그는 훗날 다음과 같이 말했다.

> 사실 이런 행동은 위험천만하고 철없는 짓이었다. 그때 만약 하나님께서 나를 지켜주지 않으셨다면 나는 목숨을 잃고 말았을 것이다.

하지만 그런 일들은 존 번연이 훗날 군대생활을 하면서 겪었던 아슬아슬한 순간에 비하면 아무것도 아니었다. 뒤에서 다시 이야기하겠지만, 어린 시절부터 죽음의 고비를 여러 번 넘긴 그는 군대에 가서도 정말 신기할 만큼 위험한 순간을 모두 피할 수 있었다.

세상에 무서울 것 없이 살던 존 번연은, 그의 인생에서 처음으로 큰 슬픔을 맛보게 되었다. 어머니가 돌아가신 것이다. 그의 나이 열여섯 살 때의 일이다.

어느 날부터인가 그의 어머니는 자리에 누워 시름시름 앓더니 급기야는 사경을 헤매게 되었다.

"어머니, 어서 병이 나아 일어나셔야지요."

"그래, 어서 일어나야지. 아직 어린 너를 두고서 내가 어떻게 죽을 수 있겠니."

그러나 말과는 달리 어머니는 자신의 죽음을 예견했다. 그래서 아들에게 진심으로 당부했다.

"하지만 말이다, 사람이 죽고 사는 건 사람의 소원에 달린 것이 아니라 하나님의 손에 달린 거야. 알겠니?"

그러고는 오래 지나지 않아 어머니는 조용히 세상을 떠나셨다. 그에게는 감당하기 어려운 슬픔이었다.

"어머니!"

그는 '어머니'를 외치면서 울고 또 울었다. 어머니의 죽음 앞에서 인생의 허무함을 뼈저리게 느꼈다. 그리고 나이답지 않게 죽음에 대해 깊이 생각하게 되었다.

'사람이란 누구나 이처럼 다 죽게 마련이구나. 그렇다면 죽은 다음에는 어떻게 되는 걸까? 흙 속에 묻히면 모든 것이 끝일까? 아니면 종교에서 말하는 것처럼 죽음 뒤에 새로운 세계가 있는 것일까?'

이런 생각과 함께 그의 머리에는 언젠가 어머니가 들려주신 말씀이 떠올랐다. 하나님을 잘 믿고 잘 섬기는 사람에게는 죽은 후에도 영원한 삶이 있다는 것이다.

"그게 정말이에요?"

"응, 그래서 사람들이 하나님을 잘 믿으려고 열심을 내는 거란다."

그러나 정작 어머니의 주검 앞에 서게 되자, 그런 말은 거짓말처럼 여겨졌다.

'어머니의 주검은 지금 여기에 있는데, 하나님께서 어떻게 구원해주신단 말인가? 땅속에 묻으면 곧 다 썩을 거야. 그런데 어떻게 하나님이 어머니를 영원한 나라로 데려가신다는 거지? 나는 믿을 수 없어!'

장례식 날, 어머니의 유해는 엘스토에 있는 공동묘지에 묻혔다. 장례식을 집례하는 목사는 어머니의 명복을 빌었고, 하나님께서 그 영혼을 천국으로 인도하셨다고 말했다. 그러나 그는 그 말도 납득할 수 없었고, 어머니를 묘지에 묻고 돌아오면서 하염없이 눈물을 흘렸다. 어머니가 안 계신 집 구석구석에는 냉기가 돌았다.

그런데 어머니가 세상을 떠난 지 한 달이 채 지나지 않아서 이번엔 사랑하는 여동생 마거릿이 병들어 죽고 말았다. 어머니의 죽음에 뒤이어 찾아온 여동생의 죽음은 그를 더욱 비통함 가운데로 몰고갔다.

'아, 누가 이 어린 목숨을 빼앗아갔는가! 사람의 목숨은 하나님의 손에 달린 것이라고 어머니가 말씀하셨는데, 그렇다면 하나님이 어머니에 이어 여동생의 목숨까지 빼앗아가셨단 말이야?'

생각이 여기에 미치자 그의 마음에는 하나님을 향해 말로 표현하기 어려운 분노가 일었다.

얼마 후 아버지는 재혼을 했다. 새어머니는 존에게 다정하게 말했다.

"내가 비록 네 친엄마는 아니지만 친엄마처럼 잘해주고 싶어. 그러니 어려워하지 말고 함께 잘 지내보자. 알겠지?"

"네, 어머니."

새어머니의 상냥한 말에 존도 친절하게 대답했다. 그러나 그는 어쩐 일인지 새어머니를 가까이할 수가 없었다. 이런 성장 배경은 그의 성격에도 큰 영향을 주었다. 6월에 어머니를 잃고, 7월에 여동생을 잃었으며, 8월에 아버지가 새 부인을 맞이했으니, 그는 연이은 변화와 충격을 받을 수밖에 없었다.

～

1642년, 영국에는 왕당파와 의회파 간에 내란이 시작되었다. '청교도전쟁'이라고도 불리는 이 전쟁 때문에 얼마나 많은 영국의 젊은 이들이 희생되었는지 모른다.

존 번연도 열여섯 살의 나이로 1644년 11월에 의회군에 소집되어 뉴포트 파그넬 수비대에 입대했다. 다행히 그는 전투를 많이 치르지 않고 2년 반 정도 복무한 후에 제대했다. 그러나 그가 복무하는 동안 아찔한 순간이 몇 번 있었다.

그가 속한 부대가 왕당파의 진지를 공격하여 점령한 후, 그가 보초를 서는 날이었다. 그런데 마침 몸이 아프고 열이 났다.

"존, 어디 아픈 거 아냐? 안색이 안 좋아."

"그러게 말야, 열이 많이 나서인지 몸 상태가 나쁜 걸."

"오늘밤 자네가 보초를 설 차례잖아."

"나도 알아. 그래서 걱정이야."

"그러면 오늘은 내가 보초를 설게. 대신 다음에 내 차례에 네가 서면 되잖아."

"알겠어. 정말 고마워, 친구."

존 번연은 동료에게 고맙다고 말하고 숙소에서 쉬고 있었다. 그런데 그날 밤 아무도 예상하지 못했던 일이 벌어졌다. 그를 대신해서 보초를 섰던 친구가 침투한 적의 총에 맞아 죽고 말았던 것이다.

'탕! 탕! 탕!'

갑자기 들려온 총성에 부대 안은 순식간에 벌집을 쑤셔놓은 듯 혼란스러워졌다. 총에 맞은 병사는 피를 흘리며 참혹한 모습으로 쓰러져 있었다. 존 번연은 아픈 몸을 이끌고 현장으로 달려갔다. 그것은 분명히 자신의 죽음이었다.

'이 친구가 나를 대신해서 죽었구나!'

그는 친구의 죽음을 어떻게 받아들여야 할지 암담했다. 자신이 몸만 아프지 않았어도 분명 원래대로 보초를 섰을 것이고, 그러면 지금 이 자리에 죽어 쓰러져 있는 것은 자신이었을 것이라고 생각하니 섬뜩했다. 동시에 자기를 대신해 죽은 친구의 죽음 앞에서 슬픔의 눈물을 흘렸다.

예전에 보트가 뒤집혀 강물에 빠져죽을 뻔했을 때나 철없이 맨손으로 무서운 독사의 이빨을 뽑아내는 위험천만한 일을 했을 때도 그는 큰 충격을 받았다. 그러나 지금 이 사건은 과거 그 어떤 사건과 비교조차 할 수 없었다. 이번엔 실제로 생명이 사라졌기 때문이다.

이 일을 겪은 후 그의 태도가 많이 변했다. 전과는 달리 아주 침착하고 차분해졌으며, 조심스럽게 말하고 행동했다.

그러나 이런 충격적인 사건도 그의 영혼을 근본적으로 변화시키는 결정적인 깨달음을 주지는 못했다. 크게 놀라는 정도에 그친 것

이다. 근본적인 삶, 그의 내면은 이전 그대로였다.

이런 일을 두고 그는 훗날 다음과 같이 말했다.

> 지금 생각하면 그 사건 역시 하나님께서 자비의 심판이 어떤 것인
> 가를 나에게 보여주신 것이 분명했다. 그러나 당시에는 그런 일까
> 지도 깊이 잠든 나의 영혼을 깨우지는 못했다. 나는 여전히 거듭되
> 는 죄에서 떠날 줄 몰랐고, 나의 구원에 대해서도 무감각했다.

하나님께서는 끊임없이 존 번연을 구원의 자리로 부르셨지만 그
는 그 사실을 깨닫지 못했다. 그러다가 마침내 그의 영혼이 신앙에
대해 눈을 뜨게 되었다. 하나님께서 그에게 신앙심이 깊은 아내를
주신 것이다.

그는 군대생활을 마치고 돌아와서 얼마 지나지 않아 결혼을 했다.
1648년, 그의 나이 스무 살 때 일이었다. 그는 그때까지만 해도 신앙
이 전혀 없었다. 여전히 천국과 지옥을 부인하고, 교회를 멀리하며,
아버지처럼 용접공으로 일하며 살아갔다.

그런데 그의 장인은 매우 신앙이 돈독했고 아내도 아버지처럼 독
실한 신자였다. 그래서 그 역시도 영향을 받을 수밖에 없었다.

그는 결혼한 후 경제적으로 무척 어려웠다. 아버지가 가난한 용
접공이었으니 그도 마찬가지였다. 그의 말에 따르면 신혼집에 생계
유지에 필요한 도구만 초라하게 있었을 뿐 기본적인 가재도구조차

없었다. 그런데도 아내는 불평 한마디 없이 가난한 남편을 섬기며 어려운 생활을 꾸려나갔다. 그는 아내의 모습을 보며 미안하고 고마웠다.

그러던 어느 날 그는 그 마음을 표현했다.

"여보, 참으로 미안하오."

"왜요?"

"내가 가난해서 결혼하자마자 당신을 이렇게 고생시키니 말이오. 정말 미안하구려."

"그런 말씀은 하지 마세요. 그런 것쯤이야 다 각오하고 당신과 결혼했는 걸요."

"당신은 참 아름다운 마음을 가졌어. 이렇게 형편이 어려운 데도 그렇게 웃을 수 있다니….."

존의 그 마음은 진실이었다. 가난한 살림에도 아내는 웃으며 생활하고 있었다. 아내가 대답했다.

"비록 우리 생활이 넉넉하지 못하지만 행복하게 살 수 있는 비결이 있으니까요."

아내의 말에 존이 물었다.

"그 비결이 무엇이오?"

"하나님을 믿고 섬기면서 살아가는 신앙생활이에요."

그는 이전처럼 종교에 대해 반감을 가지고 있지는 않았다. 그러나 여전히 신앙이란 게 낯설었다. 그래서 아내에게 물었다.

"하지만 난 여태까지 하나님을 믿기는커녕 도리어 불평만 하면서 살았어요. 도대체 그 종교라는 것에는 도무지 마음이 열리지 않는구려. 어떻게 해야 좋겠소?"

"그래서 제가 미리 준비해온 것이 있답니다. 잠시만 기다리세요."

그러더니 아내는 책 두 권을 남편에게 주었다.

"이 책은 특별히 당신을 위해 결혼선물로 가져온 거예요."

"무슨 책이오?"

"직접 펴보세요."

한 권은 아더 덴트가 쓴 《평범한 사람이 하늘에 이르는 좁은 길》이었고, 다른 한 권은 루이스 베일리가 쓴 《경건 훈련》이다. 두 권 모두 신앙생활의 좋은 길잡이가 될 수 있는 책이었다.

"이건 기독교인들이 읽는 책 같은데…."

"그렇기도 하지만 신앙이 없는 사람을 믿음의 자리로 이끌어주는 책이기도 하지요."

"그러니까 나를 그리스도인으로 만들려고 이 책들을 가져왔단 말이오?"

"예, 신앙을 가지고 살면 누구나 다 세상의 어려움은 이기면서 살 수 있거든요."

"그런데 왜 이 책들을 이제야 내게 보여주는 거요?"

"이제 때가 되었다 싶어서요. 지금까지 적당한 기회를 찾고 있었거든요."

아내는 책을 정성스럽게 쓰다듬으면서 말을 이었다.

"사실 이 책들은 신앙 서적이라서 귀중하기도 하지만 아버지가 제게 유산처럼 물려주신 책이어서 더욱 소중해요."

"그럼 귀중품이나 마찬가지군."

"네, 그러니 이제부터 당신도 이 책들을 보면서 좋은 성도가 되었으면 해요. 이 땅에서 신앙보다 더 귀중한 것은 없답니다."

"어쨌든 고맙소. 날 그토록 생각해주다니…."

존 번연은 이때부터 아내가 준 책을 틈틈이 읽기 시작했다. 책을 읽어가는 동안 그는 자기가 죄 속에 깊이 빠져 있는 상태라는 것까지는 깨닫지 못했지만 신앙생활에 대해 조금씩 흥미를 갖게 되었다. 그리고 얼마 후에는 자기에게도 반드시 신앙생활이 필요하다는 사실까지 알게 되었다.

그러던 어느 날, 존 번연은 아내에게 장인에 대한 이야기를 해달라고 청했다.

"당신의 아버지도 아주 신실한 기독교인이라고 들었는데, 아버님 이야기를 좀 해주시오."

"그래요. 제 아버지는 아주 경건한 분이셨어요. 하나님만 온전히 신뢰하면서 사는 분이셨죠."

"경건하다는 것은 무슨 의미요?"

"하나님을 지식으로만 믿는 것이 아니라 마음과 행동으로도 믿는 거예요. 곧 마음을 깨끗하게 가지고 살려고 노력했다는 거죠. 그래서 제 아버지는 언제나 정직했고, 이웃 사람들을 따뜻하게 사랑하셨어요."

"…."

"또한 자신의 잘못이든 남의 잘못이든 잘못한 것이 있으면 모른 척 지나친 적이 없었어요. 누가 무슨 일을 잘못했다 싶으면 끝까지 바로잡아주시곤 했으니까요. 물론 그런 관심과 사랑을 베푸는 데는 많은 인내가 필요했지만 아버지는 그 일들을 잘해내셨어요."

"그렇게 훌륭한 분의 딸을 아내로 맞이했으니 나는 참 복이 많은 사람이군."

"당신도 우리 아버지처럼 신앙이 훌륭한 사람이 된다면 나는 더 복이 많은 사람이 되겠죠? 그렇게 되기를 기도하고 있어요."

아내와의 대화로 존 번연의 마음은 조금씩 열리기 시작했다. 물론 처음부터 많은 것이 변화된 것은 아니었지만 신앙생활에 대해서 점차 긍정적인 마음을 가지게 되었다.

그러던 어느 주일 아침이었다. 아내가 교회에 가기 위해 바쁘게 준비하고 있을 때, 존 번연이 아내에게 다가갔다.

"여보, 오늘부터 당신과 함께 교회에 나가려고 하는데…."

"그게 정말이에요?"

"당연하지, 어떻게 그런 말을 장난으로 하겠소."

아내는 말로 표현할 수 없을 정도로 감격했다. 남편의 신앙생활을 위해 결혼 후부터 계속 기도해왔는데 마침내 이루어진 것이다. 그가 구원을 경험하고 신실한 신앙인이 된 것은 아니었지만 교회에 발을 내딛기로 결심한 것은 큰 변화였다.

영국국교회에 출석하다

어쨌든 이때부터 존 번연은
국교회, 즉 영국국교회인 성공회에 열심히 출석하기 시작했다. 예배
시간이면 앞에 앉아서 예배를 드리고, 예배 중에 설교도 열심히 들
었으며, 진지하게 기도를 했다. 또한 찬송을 부를 때면 더욱 큰소리
로 하나님을 찬양했다.

그는 신앙생활의 열심은 있었으나 아직 깊은 구원의 단계까지는
이르지 못했다. 그저 당시 국교회와 교인들의 정해진 규칙과 방법에
따라 큰 의미 없이 열심히 예배드릴 뿐이었다. 특히 제단, 십자가,
성복, 예배 등 성례나 성물은 무조건 성스럽게 여겼다. 심지어는 예
배당의 촛대까지도 신성시했다.

이때 존 번연이 누구보다도 존경한 사람은 예배를 인도하는 사제
와 예배를 돕는 집사였다. 그들은 하나님을 섬기는 사람들로서, 성

전 안에서 예배를 드리는 거룩한 일에 종사하고 있었다. 그래서 존은 그들을 가장 추앙받을 만한 사람들이라고 여겼다.

훗날 자신의 이런 모습에 대해 존 번연은 다음과 같이 말했다.

그것은 분명히 미신을 믿는 것과 다름없는 행동이었으나 나는 그 당시에는 그것을 전혀 몰랐다. 그저 사제가 눈에 보이기만 하면 무조건 달려가 그의 발 앞에 엎드려 절하면서 존경을 표시하고 싶었다. 심지어는 그들의 발길에 채여 나가떨어져도 좋다고 생각할 정도였다. 그들의 이름, 제복, 임무 등 그 모든 것이 나를 심취시켰고, 매혹시켰다. 한참 후에야 나는 사제 가운데도 천박한 사람이 있으며, 심지어는 방탕한 생활을 하는 자들도 있다는 사실을 알게 되었다. 그러나 그런 미신에 얼마나 깊이 중독되어 있었던지, 나는 그런 자들 앞에서도 단지 사제라는 이유 하나만으로 엎드려 절해야 한다는 생각을 지우기가 어려웠다. 그 당시 나의 모습이 얼마나 어리석었는지는 오랜 시간이 지난 후에야 깨닫게 되었다.

신앙생활 초기에 존 번연이 겪었던 맹목적인 교회생활은 그에게 나름대로의 기쁨과 기대를 가져다주었다. 그래서인지 교회에 대한 그의 열심은 날이 갈수록 더욱 커졌다.

어느 날 그는 아내와 함께 신앙생활의 기쁨을 나누었다.

"내가 이렇게 즐겁게 신앙생활을 하게 된 것은 모두 당신 덕분이오."

"그것도 틀린 말은 아니지만 옳은 것도 아니에요."

"어떤 게 틀렸다는 말이오?"

"내 덕분이라는 말은 엄밀히 말하자면 틀린 거예요. 아무리 인간이 소망한다고 해도 하나님의 은혜가 아니면 신앙생활을 할 수 없는 법이거든요."

"그러니까 당신 말은 모든 것을 하나님께 감사해야 한다는 것이군요."

"네, 맞아요. 당신은 저 때문이라고 하지만 실제로 저를 통해 당신을 교회로 이끄신 분은 하나님이시니까요."

존 번연은 이렇게 차근차근 신앙생활을 다져나가고 있었다.

그러나 그가 교회생활을 열심히 하는 중에도 그의 생활 습관은 이전과 똑같았다. 교회에 다니기 전이나 다니기 시작한 후나 별로 다를 것이 없었다. 그는 죄가 무엇인지, 자신이 어떤 죄를 짓고 있는지 깨닫지 못하고 여전히 방종한 생활에 빠져 있었다.

그의 신앙은 죄를 해결하지 못한 껍데기 신앙에 지나지 않았다. 훗날 그는 이렇게 말했다.

당시 나는 예배당에 열심히 출석했지만 죄의 위험과 사악함을 깨닫지 못한 채 여전히 죄 속에서 살아가고 있었다. 교회에 잘 다니면서도 죄를 짓는다는 것이 이해가 잘 안 될 수도 있지만 이는 분명한 사실이다. 나는 나중에 그때의 경험을 통해 아주 중요한 점을 깨달았다. 누군가가 아무리 특별한 열심을 가지고 신앙생활을 오랫동안 한다 하더라도 그가 그리스도 안에서 자기를 발견하지 못한다면 그런 신앙생활은 겉치레에 지나지 않는다는 것이다.

죄가 나를 정죄하여 멸망으로 끌고 간다는 사실을 알지 못하고, 예수께서 그런 정죄에서 나를 구원하시려고 십자가 위에서 참혹하게 죽으셨다는 사실을 알지 못한다면, 기독교 신앙은 아무것도 아니다. 전도서 10장 15절 말씀에도 "우매한 자들의 수고는 자신을 피곤하게 할 뿐이라"라고 했다.

이렇게 신앙생활을 하던 어느 주일, 존 번연은 출석하던 교회의 사제로부터 무척 충격적인 설교를 들었다. 안식일, 곧 주일에 관한 설교였는데, 그 어떤 죄보다도 안식일에 노동을 하거나 오락을 즐기는 것은 더욱 무거운 죄라는 내용이었다.

"성도 여러분, 주일은 모든 일을 제쳐두고 하나님 앞에 나와서 경건하게 예배드리는 시간이 되어야 합니다. 그리고 그 밖에 남은 시간들도 엄숙한 예배정신으로 보내야 합니다. 그런데 우리 성도들 가운데 이런 정신은 염두에 두지 않고 마음 내키는 대로 아무 일이나 거침없이 하는 사람이 있는가 하면, 예배 시간이 끝나자마자 쾌락에 빠지는 사람도 있습니다. 그러나 우리가 안식일에 아무리 예배를 정성껏 드린다고 하더라도 다른 일이나 쾌락을 추구하는 일이나 죄를 짓는 데 몰두한다면 그런 사람은 하나님의 심판을 피하지 못할 것입니다."

영국에서는 황제 제임스 1세 때 잠시 주일에 오락을 허락했다가 1644년에 법령으로 이를 다시 금지시켰다. 그러나 한번 몸에 밴 습관을 쉽게 버릴 수 없어 많은 사람들은 몰래 오락을 즐기곤 했다. 기독교인이라면 누구든지 세상의 법뿐만이 아니라 하나님의 법도 따라야 하는데 이러한 신앙의 기본 원칙조차도 지키지 못했던 것이다.

존 번연 역시도 그런 사람들 중의 하나로 근본적인 죄 문제를 해결하지 못하고 있었다. 그는 주일에 예배에만 참석할 뿐 오락을 즐기는 것에 대해 아무런 죄의식도 없었다.

'지금 저 신부는 내가 하는 행동을 잘 알고 있어서 나한테 그런 이야기를 하는 게 틀림없어.'

존 번연은 그때 처음으로 죄의식을 느꼈다. 하나님 앞에서 비로소 자기의 잘못이 무엇인가를 생각했던 것이다. 그는 예배를 마치고 집으로 돌아오는 내내 마음이 무거웠다.

그러나 그런 죄의식도 오래가지 못했다. 며칠 지나자 죄에 대해 무거운 마음은 씻은 듯이 사라졌고, 다시 예전과 같은 생활을 반복했다. 이런 상태에 대해 그는 훗날 다음과 같이 말했다.

> 아, 괜한 근심거리가 가슴에서 사라지고 다시금 내 멋대로 사는 삶이 찾아들었을 때 나는 내심으로 얼마나 기뻐했던가. 시간이 지나 사제의 설교는 기억할 수조차 없었고, 나는 옛 습관의 자리로 뒷걸음질하고 말았다.

하지만 살아 계신 하나님께서는 그를 그대로 버려두지 않으셨다. 하나님은 그의 영혼이 깊은 침체에 빠져 있었어도 꾸준히 그를 일으켜 세우려고 하셨다.

존 번연이 친구들과 더불어 거리에서 막대 치기 놀이를 하고 있을 때였다. 막대 치기는 영국 사람들의 전통 놀이로 우리나라의 자치기와 비슷하다. 길이 15센티미터 정도의 막대기를 다른 막대기로 힘껏 쳐올린 후 그것이 땅에 떨어지기 전에 다시 쳐서 멀리 날려보내는 놀이였다.

존 번연은 자기 차례가 되었을 때 작은 막대기가 공중으로 튀어오르도록 힘껏 쳐올렸다. 그러고는 땅에 떨어지기 전에 막대기를 멀리 날려보내려고 손에 든 막대기를 휘둘렀다. 그런데 그 순간 하늘에서 쩌렁쩌렁 울리는 소리가 들려왔다. 그 소리는 마치 화살처럼 그의 가슴속에 박혀 들었다.

'너는 죄를 떠나서 천국에 들어가기를 원하느냐, 아니면 죄를 안고서 지옥에 떨어지기를 원하느냐?'

너무도 분명한 음성이었다. 그것은 순식간에 일어난 일이었다. 존 번연은 그 소리를 들은 후 어찌해야 할지 몰라 당황했다. 막대기를 땅으로 떨어뜨린 채 멍한 눈으로 하늘만 쳐다보았다. 무슨 일이 일어났는지 알 수 없어 어리둥절했다.

이내 그는 날카로운 시선을 느꼈다. 자신을 꾸짖는 예수 그리스도가 하늘에서 자신을 내려다보고 있는 것 같았다. 잘못된 행동을 고치지 않으면 곧 준엄한 심판을 받을 것이라는 시선이었다. 그러나 주변에는 아무도 없었고, 하늘도 그 어떤 움직임이 없었다.

그와 함께 존 번연의 머릿속에 선명한 그림이 떠올랐다. 그가 그

동안 저지른 잘못된 행위들이 마치 영화 필름처럼 스쳐 지나갔다. 죄에 빠져 있는 자신의 모습을 보았다. 그러면서 지금까지 한 번도 느껴보지 못했던 강한 죄책감에 사로잡혔다.

이런 체험은 하나님께서 존 번연에게 회개할 기회를 주신 것이 분명했다. 그러나 그는 하나님의 뜻을 다 깨닫지 못했다. 구원하시는 하나님을 깨닫지는 못하고 죄의식에 사로잡히고 만 것이다.

'나는 너무나 큰 죄인이기 때문에 구원과 천국을 바라지 못할 거야. 예수 그리스도는 이토록 무거운 나의 죄를 결코 용서하지 않으실 테니까….'

이미 늦었다는 생각이 들자 그의 마음은 더욱 절망스러웠다.

'나는 확실히 비참한 사람이다. 죄를 떠난다 해도 비참하고, 예전처럼 죄 속에 파묻혀 있어도 결과는 마찬가지이기 때문이다. 어떤 상황 아래서도 나는 지옥에 떨어질 수밖에 없다. 작은 죄든 큰 죄든 결과는 같다.'

당시 친구들은 막대 치기를 하다 말고 우두커니 서서 하늘만 바라보는 존 번연에게 조심스럽게 말을 걸었다.

"존, 지금 뭘 보고 서 있는 거야?"

"얼빠진 사람처럼 왜 이래? 정신 좀 차려봐."

"자, 어서 집으로 가자."

친구들은 여전히 멍하게 서 있는 존 번연을 부축해서 집에 데려다주었다. 그는 집에 도착해서도 깊은 절망 속에서 헤어날 수가 없었다.

친구들이 떠나고 덩그러니 혼자 남게 되자 존 번연은 더욱 우울한 기분이 들었다. 자신의 모습이 불쌍하게 느껴져 흐르는 눈물을 참을 수가 없었다.

그런 그의 모습을 지켜보던 아내가 다가와서 물었다.

"당신, 무슨 일이 있었어요?"

"…"

"말씀해보세요."

그러나 존 번연은 입을 굳게 다문 채 좀처럼 말하지 않았다.

"괜찮으니까 어서 말해봐요."

아내가 몇 번이나 조심스레 말하자 그가 겨우 입을 열었다.

"난 지금 자포자기 상태에 빠졌다오."

"갑자기 왜요? 무슨 일이 있었어요?"

"그런 건 아닌데…. 지금까지 교회에 열심히 다니고 있지만 나에게는 아무런 소용이 없는 일이오. 이제 나에게는 아무런 희망이 없으니까…."

"도대체 무슨 말을 하시는 건지 모르겠군요."

"나같이 죄를 많이 지은 사람은 지옥을 벗어날 수 없을 거요. 그러니 내게 무슨 희망이 있겠소."

"예수 그리스도를 믿는 사람은 그 죄를 다 용서받게 된다고 성경이 말하고 있잖아요."

"물론 그럴지도 모르지. 하지만 그런 말들이 나와는 상관없는 것 같구려."

"그렇기 때문에 더욱 믿음이 필요한 거예요."

"이제 아무 말도 듣고 싶지 않소. 그만합시다."

"…."

아내는 더 이상 말을 할 수가 없었다. 존 번연은 침묵하며 두려움 속으로 빠져들었다.

이때의 심경을 그는 훗날 이렇게 말했다.

> 이제 내가 절망에서 빠져나올 길이 없다는 생각이 들자 그 순간 절망이 무서운 충동으로 바뀌었다. 이제는 위로를 얻을 곳이 죄밖에 없다는 생각이 들자, 나는 쾌감을 맛볼 수 있다면 어떤 나쁜 짓이라도 하고 싶다는 욕망이 강하게 솟구쳤다. 그 욕망을 누르는 일은 매우 힘들었다. 결코 과장하는 말이 아니다. 그때 강렬하게 일어난 죄의 욕구는 걷잡을 수가 없었다.
>
> 악마의 이런 유혹은 가련한 인간들에게 자주 있기 마련이다. 심령이 메말라 있을 때 또는 그 양심이 마비되었을 때, 악마는 이때를 놓치지 않고 교묘하게 절망감을 심어준다. 그렇게 표적이 된 사람은 그 영혼이 큰 죄에 빠져 있지 않은 상태라고 해도 이미 자기에게는 소망이 없는 줄 알고 악마 앞에 무릎을 꿇고 마는 것이다.

존 번연은 그런 상태로 한 달 이상이나 지냈다. 예배당 출석이 뜸해진 것은 말할 것도 없고, 자기의 격렬한 감정을 사람들 앞에 그대로 드러내기도 했다.

하루는 어떤 가게 앞에서 주인 여자와 거친 말싸움을 벌였다. 존 번연이 가게 앞에서 미치광이처럼 소리치며 떠들다가 시비가 붙은 것이다. 그의 목소리가 커지자 주인 여자가 나와서 한마디했다.

"이봐요. 번연 씨, 남의 가게 앞에서 이게 무슨 행패예요?"

"거참, 내 입 가지고 내가 말하는데 당신이 무슨 상관입니까?"

"하지만 여기는 우리 가게 앞이라고요. 사람들이 드나드는 문 앞에서 그렇게 큰소리로 떠들면 어떡해요?"

"시비 거는 거요? 오늘 좋은 건수가 하나 생겼구만. 어디 붙어봅시다!"

이렇게 시작된 언쟁은 점점 험해져서 서로 상스러운 욕설을 주고받기에 이르렀다. 싸움이 시작되자 구경꾼들이 우르르 몰려들었다.

주인 여자도 성격이 괄괄하고 말이 거칠기로 소문이 난 여자였다. 그러나 존 번연의 입에서 나오는 험한 말에는 당해낼 재간이 없었다. 얼마나 험악한 말들이 쏟아져 나왔던지 그녀는 몸을 부르르 떨면서 고개를 저었다.

"어휴, 번연 씨처럼 지독한 인간은 내 생전 처음이에요. 당신의 못된 말을 듣고 쓰러지지 않을 사람은 여기에 아무도 없을 거예요. 어서 내 앞에서 썩 꺼져요."

그녀는 다시 보고 싶지 않다는 듯이 몸을 돌려 가게로 들어가버렸다.

분노를 이기지 못한 채 사람들에게 끌려 집으로 돌아온 존 번연은 그런 자신의 모습이 미웠다. 양심의 가책은 그로 하여금 더욱 견디기 힘들게 했다.

그는 교회에 다니기 시작한 후로 자신의 말과 행동을 조심했다. 그래서 다른 사람들은 그가 이제 성도다운 성도가 되었다는 말을 하기도 했다. 존 번연 자신도 자기가 바뀌었다고 믿고 있었다. 그런데 이런 상황이 되자 어렸을 적부터 습관처럼 그를 따라다니던 품성이 되살아났다. 교만하고, 거칠고, 사나운 품행이 그의 원래 모습 같았고 평생 그 모습으로 살아가야 할 것만 같았다.

존 번연은 머리를 숙이고 곰곰이 생각해보았다. 왜 자기가 그렇게 나쁜 사람이 되었을까?

'내가 어렸을 때 아버지가 내 못된 말과 행동을 고쳐주지 않은 게 탈이었어. 그때 나쁜 습관을 잘 고쳤더라면 지금 내가 이렇게까지 되지는 않았을텐데…. 휴, 굳어버린 나쁜 습관들을 어떻게 해야 고칠 수 있을까? 어쩌다 내가 이 지경이 되었단 말인가!' 그가 거친 말을 내뱉고 난폭한 행동을 일삼는 것은 사실이었지만, 그만큼 그의 내면에서 큰 갈등이 일고 있었다. 그가 자기 혐오와 죄책감으로 받은 고통은 처절하리만큼 가혹했다. 교회에 발을 들여놓은 이후에는 신앙 양심의 영향으로 더욱 괴로웠다.

이런 쓰라린 경험은 놀랍게도 존 번연 자신에게 초인적인 결심을 하도록 만들었다. 그는 이후부터는 거친 말을 한 마디도 입밖에 내지 않겠다고 결심했다. 지금껏 죄책감에 빠지고 후회한 적은 많았지만 이내 이전의 모습으로 돌아간 것에 비해서는 큰 변화였다.

'앞으로 내 입에서 부도덕한 말이 한 마디라도 나오면 그 즉시 내 혀를 잘라버릴 거야!'

나쁜 습관과의 싸움

그는 굳은 결심으로 새로운 출발을 다짐했다. 이런 결심을 하기까지는 끝까지 존 번연을 믿어주고 용기를 주었던 아내가 큰 힘이 되었다.

"여보, 나쁜 말을 하지 않을 좋은 방법이 있어요."

"그 방법이 무엇이오?"

"늘 성경 말씀을 읽는 거예요. 그리고 성경 말씀을 전해주는 심정으로 남들과 이야기를 하려고 노력해보세요."

존 번연은 아내의 충고를 듣고 나서 생각했다.

'맞아, 꾸준히 성경을 읽는 것이 최고인 것 같아. 큰소리로 성경을 읽는 입에서 악담이 쏟아져 나올 수는 없겠지.'

그는 이때부터 틈만 나면 부지런히 성경을 읽었다. 그는 성경을 읽을 때 늘 큰소리를 내서 읽었다.

존 번연은 결심대로 못된 말을 하지 않았다. 행동거지도 예전과 달리 부드러워졌고, 입에서는 유순하고 온유한 말이 나왔다. 예전과는 많이 달라진 모습이었다. 그렇지만 존 번연의 변화가 영적 거듭남으로 인한 내적 변화에 근거한 것은 아니었다. 그의 결심은 성령의 역사와는 아무 상관이 없는, 인간적인 의지와 노력에 의한 것이었기 때문이다. 그가 근본적으로 변화를 받지 못했다는 증거는 많았다. 그는 평일에는 물론 주일에도 오락을 끊지 못했다.

　　그리고 성경을 읽는 태도에서도 그의 변화가 표면적인 것임이 잘 드러났다. 존 번연이 주로 읽는 성경은 구약의 율법과 역사 부분이었다. 이런 말씀을 읽을 때는 아주 흥미로웠다. 그러나 사도 바울의 서신들이나 교리에 관한 말씀은 좀처럼 읽히지가 않았다. 인간의 본성이 얼마나 타락했으며, 예수 그리스도의 속죄적인 죽음과 구원이 어떤 이유에서 절대적으로 필요한지를 아직 알지 못했기 때문이다.

　　그는 성경을 사람이 반드시 실행해야 하는 훌륭한 교훈이 담겨 있는 좋은 책 정도로만 알고 있었다. 그래서 이 성경의 훈계들을 실천에 옮기려고 노력했다.

　　'됐어, 이런 정도만 실천해도 훌륭해. 언젠가는 완전한 상태에 도달할 수 있을 테니까….'

　　존 번연은 변화되어가는 자신의 모습에 안심했다. 그러나 어쩌다 말실수를 하거나 빗나간 행동을 하고 나면 양심에 가책을 느껴 매우 괴로워했다. 그러면 또다시 자포자기 상태에 빠져들었다. 인간적인 열심과 의지로 하는 신앙생활은 한계가 뚜렷하게 드러났다.

　　어쨌든 존 번연의 겉모습은 나무랄 데 없었다. 많은 사람들은 그의 달라진 태도를 보고 칭찬했다.

"존은 완전히 다른 사람이 된 것 같아."

"그러게 말이야. 세상에 존이 그렇게 변할 줄을 누가 알았겠어."

"어쩌면 그렇게 공손할 수가 있을까?"

"하나님을 믿으면 저 정도는 되어야지."

사실상 존 번연은 아직 그리스도의 은혜가 무엇인지 모르고 있었고, 진정한 변화를 한 것도 아니었다. 그러나 사람들은 그의 겉모습만 보고 칭찬을 했다. 사람들의 평가는 존 번연이 자기 자신을 평가하는 기준이 되기도 했다. 그는 자신이 그만큼 하나님의 뜻에 맞게 잘살고 있다고 생각하고 만족했다.

당시의 이런 상태를 존 번연은 훗날 이렇게 회고했다.

만약 내가 그때 상태로 죽기라도 했다면 어떻게 되었을 것인가. 그 결과를 생각하면 정말 아찔하다. 그런데도 나는 그런 나의 상태를 알지 못하고 일 년 동안이나 그런 삶을 이어갔다.

그는 당시 사람들의 칭찬에 대해 이렇게 말했다.

이웃들이 나의 삶의 태도를 보면서 경탄한 것도 결코 무리는 아니었다. 나의 변화는 형편없는 미치광이가 제정신을 찾은 것이나 다름없었기 때문이다. 그리고 나 자신 역시 그런 칭찬을 들으면서 얼마나 기뻤는지 모른다. 나도 이제는 신앙인다운 독실한 신자가 되었다는 자신감으로 가득했으니 어찌 그렇지 않았겠는가. 그런데 실

상은 그런 일들이 나를 더욱 크게 속이는 올무 역할을 했던 것이다.

어쨌든 존 번연은 그 당시 자신의 변화된 모습에 만족하고 있었으며, 자기를 대단한 사람으로 생각하고 긍지를 가지고 있었다. 물론 하나님 편에서 볼 때는 여전히 가엾은 위선자에 지나지 않았다. 사람들의 칭찬을 들을 때마다 그는 자기의 삶이 더욱 자랑스러웠고, 더 많은 칭찬을 듣기 위해 노력했다.

그 무렵의 어느 날, 그는 종치기가 교회에서 종을 치는 모습을 보았다. 당시 교회당의 종은 높은 종탑에 여러 개가 달려 있었기 때문에 종을 치는 일은 아무나 함부로 할 수 없었다. 숙련된 종치기만 교회 종을 울릴 수 있었다.

그는 크게 울리는 종을 쳐다보면서 문득 이런 생각을 했다.

'만일 저 종들 중에 하나가 잘못되어 아래로 떨어진다면 나는 이 자리에서 그대로 죽게 되겠지?'

그런 상상을 하면서 그는 서둘러 기둥 아래로 몸을 피했다. 상상했던 일이 실제로 일어날 것만 같았다. 그는 몸을 피한 후에는 이런 생각을 했다.

'만약 저 종 가운데 하나가 진동하여 벽에 부딪치면서 떨어진다면 지금 내가 서 있는 이곳도 안전하지 않아. 죽음을 피할 수 없겠지?'

그는 또다시 종탑 문 옆으로 피했다. 그래야 종이 떨어지더라도 얼른 밖으로 피할 수 있을 거라고 생각했다.

사실 이런 생각은 사람의 목숨이 하나님께 달려 있는 것이 아니라 자신의 요령과 재주에 달려 있다는 불신앙이었다. 그러나 그는 자신의 영적 상태가 어떠한지 전혀 알지 못한 채 죽음까지도 자신의 손안에 있다고 생각했던 것이다.

한편 존 번연은 말과 행동에서는 변한 모습을 보여주었지만 오락을 즐기는 버릇은 여전했다. 그중에서도 그가 가장 좋아한 오락은 댄스였다. 다른 악습들은 결심을 통해 어느 정도 극복했지만 댄스를 즐기는 습관을 버리기가 쉽지 않았다.

그런 그의 모습을 지켜보던 아내가 진심을 담아 충고해주었다.

"여보, 나랑 이야기 좀 해요."

"그래요. 무슨 이야기를 할까, 성경 이야기?"

아내는 조심스럽게 말을 이었다.

"당신의 변화된 모습에 저는 무척이나 감사하고 감격스럽답니다. 그런데 한 가지 마음에 걸리는 일이 있어서요."

"그게 뭐요?"

존 번연은 아내가 무슨 말을 할지 대충 짐작을 하면서도 짐짓 모르는 척 하며 물었다.

"댄스를 즐기는 일 말이에요. 다른 나쁜 습관들은 다 고쳤는데 왜 그것은 그대로인가요? 지금까지 보여준 것처럼 굳은 결심을 한다면 고칠 수 있을 거예요."

아내의 말을 들은 존 번연은 한숨을 쉬며 대답했다.

"나도 많이 노력해봤지만 잘되지 않는구려."

"다시 한 번 결단해보세요. 저도 하나님께 더 열심히 기도할게요."

"…."

아내의 충고가 아니더라도 존 번연은 자기의 결점이 늘 마음에 걸리던 터였다. 자기의 의지로 이겨낼 수 없는 일이 있다는 것은 자신과의 싸움에서 지는 일이기 때문이다.

이 일을 계기로 그는 다시 한 번 굳게 결심을 했다. 여태까지 즐겨온 댄스를 더 이상 하지 않겠다고.

'사내대장부라면 결심한 것을 왜 지키지 못하겠는가. 두고 봐. 이젠 두 번 다시 댄스장에는 발을 들여놓지 않을 거야.'

굳게 결심했지만 한순간에 발을 딱 끊는 것은 결코 쉬운 일이 아니었다. 그 후로도 몇 차례나 댄스장에 발을 들여놓았다. 그러나 그로부터 일 년이 지난 후에는 댄스를 즐기는 습관도 버릴 수 있었다. 그의 입장에는 통쾌한 승리가 아닐 수 없었다.

자신과의 싸움에서 이겼다는 사실은 존 번연을 무척 기쁘게 했다. 오랜만에 그의 양심에는 평안이 찾아들었고, 스스로에 대한 자신감이 생겼다.

그런데 이런 자긍심은 그의 마음을 엉뚱한 곳으로 이끌었다.

'이제 나는 하나님으로부터 칭찬을 받을 만한 사람이 되었어. 영국 땅이 아무리 넓다 하더라도 하나님은 나만큼 당신의 뜻에 맞는 사람을 찾아내실 수는 없을 거야.'

자신감을 넘어선 자만이었다. 훗날 이런 태도에 대해 그는 다음과 같이 반성했다.

안타깝게도 나는 그때까지도 진정으로 예수 그리스도를 알지 못한 채 나의 의만 내세우려고 애썼다. 만약 하나님께서 나를 택하신

자비를 거두시고 내 본래의 모습을 숨김없이 보여주지 않으셨다면 나는 분명히 그런 상태로 파멸을 당하고 말았을 것이다.

하나님은 그를 그대로 내버려두지 않으셨다. 그를 바른길로 이끌어가시는 하나님의 손길이 움직이기 시작했다.

어느 날 땜질할 일감이 생겨 존 번연은 베드퍼드셔 주의 수도인 베드퍼드로 향했다. 베드퍼드는 엘스토에서 약 3킬로미터 정도 떨어져 있었다. 그가 목적지에 도착했을 때 베드퍼드셔의 어느 큰 길목 어귀에서 여인 몇 사람이 햇볕을 쬐면서 신앙 이야기를 나누고 있었다. 그 여인들은 존 기포드 목사가 시무하는 교회에 열심히 출석하던 모범적인 신자들이었다.

당시 존 번연은 이 여인들이 누구인지 알 수 없었지만 이들의 이야기에 자신도 모르게 귀를 기울였다. 대화 속에서 신앙에 대한 그들의 대단한 열정을 느낄 수 있었기 때문이다.

그는 다른 곳을 보는 척하면서 여인들의 말에 신경을 집중했다. 그러나 이야기의 내용은 알아들을 수 없었다. 지금껏 자신이 생각하던 신앙과 그에 관한 지식으로는 도저히 이해할 수 없었기 때문이다.

"난 하나님의 구원이 이토록 감격스러운 일인 줄 미처 몰랐어요."

"왜요, 어떤 경험을 했는데요?"

"성령으로 거듭남 없이는 누구도 자신있게 자기가 구원을 받았다는 말을 할 수 없다는 사실을 깨달았거든요!"

"맞아요. 거듭남 없는 구원은 있을 수 없죠."

그러자 다른 여인이 처음에 말한 여인에게 물었다.

"그럼 당신은 거듭나는 체험을 어떻게 했는데요?"

"전혀 예상하지 못한 일로 시작되었답니다. 사실 예전에는 내 행실이 바르면 구원은 얼마든지 받을 수 있다고 생각했는데, 그러다가 절벽에 부딪쳤지 뭐예요."

"절벽이라고요?"

"네, 내 본연의 모습이 얼마나 악한지를 느끼게 되었거든요. 내 속사람으로는 온전히 올바른 삶을 살 수 없다는 사실을 깨달았어요. 겉으로 아무리 착하고 거룩하다고 해도 내 안에는 더럽고 죄 된 모습이 감추어져 있다는 사실을 발견하고 정말 절망에 빠졌답니다."

"맞아요. 나의 본질을 모르고는 온전한 구원을 얻을 수는 없으니까요."

"나는 절망감에 빠져 낙심하고 있었어요. 그때 내 주위에는 오직 암흑만 가득했지요."

"하지만 구원의 길은 자신의 죄성을 진정으로 깨닫는 데서 시작되지 않나요?"

"그래요. 그런 상황 가운데서 주님께서 나를 위해 달리신 십자가의 큰 사랑을 깨우쳐주셨고, 그 사랑으로 내 속사람의 추하고 더러운 죄들을 씻음 받을 수 있다는 것을 알게 되었지요."

"정말 축하드려요!"

"감사합니다. 하나님의 은혜로 그 앞에서 내가 정말 죄인이었음을 인정하고 온전한 회개를 할 수 있었어요. 그러면서 내 속사람이 새로워지는 감격적인 체험을 했답니다."

"바로 그거예요. 그게 우리 목사님이 늘 말씀하시는 올바른 구원이에요."

"목사님의 말씀을 늘 들었기에 나도 거듭나는 체험을 할 수 있었던 거예요."

존 번연은 그들의 이야기를 들으면서 그동안 한 번도 생각해보지 않았던 단어가 가슴에 박혔다. '거듭남'이라는 말이었다.

여인들은 낯선 남자가 자신들의 이야기에 귀를 기울이고 있다는 것을 전혀 눈치채지 못한 채 이야기에 푹 빠져 있었다. 그들은 구원에 관한 이야기를 이어나갔다.

"그런데 이제부터가 정말 중요해요."

"맞아요. 악마는 구원받은 사람을 절대로 그냥 내버려두지 않으니까요."

"내가 구원의 신앙에 섰을 때 마귀가 나를 넘어뜨리려고 얼마나 많이 유혹했는지 몰라요. 잔인한 함정도 많았지요. 그 시련을 이겨내는 고통도 컸답니다."

"그렇군요. 구원이 전부가 아니군요."

"당연하지요. 어떻게 보면 구원받기 이전보다 그 이후에 시련이 더 많은 것 같아요."

"그렇다고 하더라도 구원은 우리의 행실이 아니라 그리스도의 의로 이루어지는 것임은 틀림없지요. 그게 바로 은혜 아니겠어요?"

여인들의 대화를 엿들은 존 번연은 무척 놀랐다. 지금까지 한 번도 접해보지도 생각해보지도 못했던 이야기였다. 게다가 그들의 이야기는 자신의 신앙관과는 정반대의 것이었다.

'사람의 의로운 행실이 구원에는 도움이 되지 않는다고? 지금까지 내가 나쁜 습관을 버리고 죄를 버리려고 얼마나 애를 썼으며, 나의 의지로 성공한 후에 얼마나 뿌듯했던가. 그런데 구원이 사람의 행위가 아니라 하나님의 은혜로 받는 것이라면, 착한 행실은 아무 소용이 없다는 걸까? 저 여인들의 말이 사실이라면 앞으로 나는 어떻게 해야 할까…'

존 번연의 가슴에는 말하기 힘든 감정들이 서로 뒤엉켰다. 그동안 자신의 노력이 아무것도 아니었을까 하는 의심과 그로 인한 허탈감과 반발심이 생겨났다. 잘못된 신앙관에 속은 기분이었다.

하지만 그런 혼란한 마음속에서도 여인들의 말은 생생하게 떠올랐다.

'만약 그 여인들의 말이 옳다면 지금 내가 잘못된 신앙생활을 하는 것이 분명해.'

그렇다면 자기가 놓친 것이 무엇인지 좀 더 구체적이고 확실하게 확인하고 싶다는 생각이 들었다.

신앙을 향한 몸부림

베드퍼드 거리에서 여인들의 말을 들은 후 존 번연은 내적 갈등에서 벗어나지 못하고 있었다.

'나는 지금 잘못된 함정에 빠져 있는지도 몰라.'

그런 생각은 그의 마음을 조급하게 만들었다. 그는 이때의 심경을 훗날 다음과 같이 고백했다.

이때부터 내 마음은 변해갔다. 구원과 영원과 천국에 대한 문제가 내 뇌리에서 떠나지 않았다. 세상의 그 어떤 쾌락도, 나아가서 세상의 그 어떤 위협과 유혹 속에서도 해결받지 못했던 구원에 대한 열망이 계속 타올랐다. 지금 생각해봐도 전혀 이해할 수 없는 일이었지만, 하나님의 은혜가 아니었다면 내게서 이 모든 일이 일어날 수 없었을 것이라는 생각이 든다.

존 번연은 이런 고민을 한 지 얼마 지나지 않아 자신의 잘못된 신앙관을 깨닫는 사건을 만났다. 끝까지 자신을 돌보고 사랑하시는 하나님을 체험한 것이다.

어느 날 그는 거리에서 예전 악동 시절의 친한 친구를 우연히 만났다. 해리라는 이름을 가진 친구였다. 그는 여전히 방탕한 생활을 하며 세월을 낭비하고 있었다.

"어, 존 아니야?"

"맞아, 해리. 정말 오랜만이군."

"이게 얼마만이야, 벌써 3년은 된 것 같은데?"

"그래, 지금은 어디서 어떻게 지내고 있나?"

"고향을 떠난 후 계속 떠돌이 신세로 살고 있지 뭐."

존은 한때 친했던 해리에게 깊은 책임감을 느꼈다. 그는 마음에서 우러나오는 진심을 담아 해리에게 충고했다.

"해리, 이젠 나쁜 말이나 행실은 끊어버리는 게 좋을 거야. 만약 자네가 하루하루를 이렇게 보내다가 어느 날 갑자기 죽음을 당한다면 어떻게 되겠어."

존의 말을 듣던 해리는 한바탕 크게 웃었다.

"나 같은 악당이 다 사라진다면 악마는 친구가 없어서 외로운 처지가 될 거야. 그러면 악마가 불쌍해지지 않을까?"

그는 또 한바탕 호탕하게 웃고는 말을 이어나갔다.

"존, 자네가 신앙생활을 하고 있다는 말은 나도 전해 들었어. 예전과는 아주 다른 사람이 되었다는 말도 들었고. 하지만 자네만 신앙생활을 하고 있는 게 아니야. 나도 교회에 다니고 있거든."

존 번연은 그 이야기를 듣고는 정말 기뻐했다.

"그게 정말이야?"

"당연하지."

"그럼 너는 어떻게 신앙생활을 시작한 거야? 난 아내 덕분인데."

"음, 사실 나는 랜터파 신앙을 가지고 있어."

존 번연은 깜짝 놀랐다. 랜터파는 일찍부터 영국국교회로부터 이단으로 정죄받았기 때문이다.

존 번연도 신앙생활을 시작할 무렵 랜터파의 책을 몇 권 읽은 적이 있었다. 그 책들을 높게 평가하는 사람들이 있어서 호기심에 이끌려 읽은 것이다. 그러나 그 당시에는 그 책의 내용을 분별할 만한 신앙이 없기 때문에 쉽게 판단이 서지 않았다.

그래서 그는 그때 하나님께 기도했다.

'하나님, 저로 하여금 참된 진리와 그릇된 사상을 잘 분별할 수 있도록 지혜를 주소서. 혹시 이 책의 내용들이 하나님께로부터 나온 것이라면 제가 즐거운 마음으로 받아들이게 하시고, 그릇된 것이라면 과감히 버릴 수 있게 하소서.'

랜터파는 한마디로 '구원은 오직 하나님의 은혜로 얻는 것이기 때문에 죄를 짓고 살더라도 그 행실은 구원과는 아무런 상관이 없다'라고 가르쳤다. 구원이 은혜로 말미암는 것은 사실이다. 그러나 그렇다고 해서 삶을 방탕하게 살아서는 안 된다.

랜터파의 주장에 따르면, 구원을 받는 것은 인간의 행위에 달려 있는 것이 아니기 때문에 사람들이 마음대로 죄를 짓고 자신이 원하는 대로 살아가도 된다는 것이다.

이런 잘못된 가르침은 사람들의 죄 된 본성을 합리화시켜 계속 죄 속에 살아가게 만들고 있었다. 그래서 랜터파 신앙을 가진 사람들 가운데는 많은 사람들로부터 지탄을 받는 행위도 서슴지 않고 저지르는 자들이 많았다. 그들은 예수님의 생명으로 값을 치른 구원을 값싼 것으로 만들고 있었다.

'해리가 왜 그런 이단에 빠져들었는지 알겠어. 하긴, 나도 그때 랜터파 서적을 읽고 곧 돌아서지 않았다면 해리와 똑같은 모습을 하고 있겠지.'

해리는 존의 마음이 어떠한지 전혀 알지 못한 채 당당하게 존을 설득하기 시작했다.

"존, 그렇게 고지식하게 사는 게 힘들지 않아?"

"글쎄. 쉽다고 말할 수는 없겠지만, 그렇다고 힘든 것도 아니야."

"너도 랜터파로 옮기는 게 어때? 지금 네가 하는 것보다 훨씬 즐거운 신앙생활이 될 걸."

"내게 권할 만큼 신앙에 자신이 있는 거야?"

"당연히 있지. 지금 내 모습이 형편없어 보이겠지만, 나도 그동안 너 못지않게 여러 가지 노력을 해보았어. 그러나 아무 데서도 이렇게 훌륭한 진리를 발견하지 못했지. 랜터파를 만나고서야 사람의 본성에 맞는 진리가 무엇인지 알게 되었거든."

존은 랜터파의 신앙이 옳다고 생각하지 않았다. 그러나 당당하게 말하는 친구를 보자 그 확신이 조금 흔들렸다.

"두고 봐. 얼마 지나지 않아 영국 안의 모든 기독교인이 랜터파 신앙을 따르게 될 테니까."

베드퍼드에서 들었던 여인들의 이야기, 친구 해리의 이야기는 서로 다른 것이었지만 하나의 공통점은 있었다. 인간의 구원이 착한 행실과 상관없으며 오직 하나님의 은혜에 의한 것이라는 사실이다.

그러나 곧 존은 제자리를 찾았다. 비록 그가 표면적인 신앙생활을 하고 있었지만 적어도 옳고 그름은 분별할 수 있었다. 그는 해리에게 단호하게 말했다.

"해리, 네 마음은 알겠지만 나는 그 신앙을 받아들일 수 없어."

"그 이유가 뭐야? 너도 예전에는 나처럼 즐기며 살았잖아."

"사람의 행실이 구원과는 상관없다 하더라도, 적어도 신앙생활이 사람을 올바른 길로 가게 하지 못한다면 그건 분명히 잘못된 신앙이라고 생각해."

존 번연의 말에 해리는 더 이상 이야기하지 않고 그 자리를 떠났다. 그리고 존 번연은 이 일을 두고 훗날 이렇게 말했다.

그때 해리의 상태는 예전처럼 엉망진창이었지만 그가 랜터파 신앙을 이야기할 때는 상당히 진지해서 나의 마음이 흔들렸던 것 또한 사실이다. 그러나 하나님은 나를 좀 더 귀한 목적으로 사용하기를 예정하셨기 때문에 하나님의 거룩한 이름을 두려워하게 만드셨고, 그 결과 복음정신에서 크게 빗나간 랜터파 신앙에 넘어가지 않도록 해주셨다.

오! 언제든지 그리고 무슨 일에서나 스스로의 지혜에 의지하지 않고 오직 주님의 나라만 구하는 마음을 주신 하나님께 영광 있으라!

베드퍼드에 다녀온 이후, 존 번연은 새로운 마음과 생각으로 다시 성경을 읽기 시작했다. 지금까지 한 번도 가져보지 못한 진지한 태도였다.

이전에 자기가 나쁜 습관을 고치고자 하는 목적을 두고 성경을 읽었을 때와는 달리 이번에는 사도 바울의 서신들도 주의깊게 읽었다. 성경을 골고루 읽지 않으면 구원의 진리에 대해 한쪽으로 치우친 지식을 가질 수밖에 없다고 판단했기 때문이다.

그는 이때의 일을 후에 다음과 같이 말했다.

사실 나는 그즈음 책을 읽든지 깊은 생각에 빠지든지, 그 어떤 경우에도 결코 성경을 떠나지 않았다. 나는 진리를 바르게 알고 천국의 영광에 도달할 수 있기를 하나님께 간절히 기도했다.

그러던 어느 날, 존 번연은 말씀을 읽는 중 다음과 같은 사도 바울의 서신 가운데 있는 말씀을 발견하게 되었다.

어떤 사람에게는 성령으로 말미암아 지혜의 말씀을, 어떤 사람에게는 같은 성령을 따라 지식의 말씀을, 다른 사람에게는 같은 성령으로 믿음을, 어떤 사람에게는 한 성령으로 병 고치는 은사를…
고전 12:8,9

그 당시에 존 번연은 이 말씀이 모든 성도들에게 주시는 보편적인 이해력과 지혜에 관한 것이라고 생각했다. 나중에 이 말씀이 특별한 경우의 성령의 역할을 가리키는 것임을 알게 되었지만, 그 당시에는 자신에게 그런 지혜와 지식이 없다는 사실 때문에 몹시 초조했다.

그는 거듭 그 말씀을 깊이 생각해보았지만 정확한 의미를 알 수 없었다. 특히 '같은 성령으로 믿음을'이라는 구절에서는 더욱 큰 의문을 느꼈다.

'그렇다면 지금 나에게 믿음이 있는지 없는지조차 알 수 없는 일이 아닌가….'

그런 생각이 존 번연의 머릿속에서 사라지지 않았다. 그는 답답한 마음에 해답을 찾기 위해 자기 스스로에게 질문을 하고 답해보았다. 진리를 향한 몸부림이었다.

'너는 지금까지 믿음을 가져왔는가?'

'그렇다고 생각한다.'

'그럼 지금 네가 가진 믿음이 성령이 주신 것이라고 확신하는가?'

'잘 모르겠다. 확신이 없다.'

'그렇다면 너는 하나님께 버림받은 자가 분명하지 않은가?'

'그것도 잘 모르겠다. 하지만 내가 버림받았다고 생각하지는 않는다.'

'무슨 이유에서 그런가?'

'내 안에 믿음이 없다고 단정할 수 없기 때문이다.'

'너는 지금 어떤 함정에 빠져 있는지도 모르지 않는가?'

'성령님의 지혜나 지식은 가지지 못했을지라도 신앙이 전혀 없다고는 생각하지 않는다. 그렇다고 해서 그 신앙이 성령께서 주신 것인지도 알 수 없으니 참으로 답답한 노릇이다. 만약 내가 지금 믿음이 없다면 난 절망으로 떨어지고 말 것이다. 그러나 내가 현재 절망에 빠진 상태는 아니지 않은가.'

'믿음이 없는 자도 세속적인 평안은 얼마든지 누릴 수 있지 않겠는가?'

'어쨌든 하나님은 나의 멸망을 절대로 용납하지 않으실 분이다.'

'결론적으로 그대 안에 하나님께서 인정할 만한 믿음이 있는가, 없는가?'

'단정적인 대답을 할 수가 없다. 성령으로부터 오는 지혜와 지식을 가지고 있지 않으므로….'

계속해서 묻고 답하며 진리를 찾아보았지만 얻은 결론은 없었다. 단지 성령과 믿음 사이에 어떤 관계가 있는지에 대한 새로운 질문이 생겼을 뿐이다.

이렇게 불분명한 결론에 도달하자 존 번연은 더욱 답답해졌다.

존 번연은 그 후로도 며칠 동안이나 그 문제를 놓고 고민했다. 그러다가 한 가지 생각이 떠올랐다.

'내게 참 믿음이 있는지 없는지 한번 시험해보면 어떨까?'

그렇지만 막상 어떤 방법으로 시험해볼지 구체적인 방법이 얼른 떠오르지 않았다. 그런데 갑자기 한 가지 그럴듯한 생각이 그의 머리를 스쳤다. 누군가 그의 귓가에 달콤하게 속삭이는 것 같았다. 그는 그 목소리와 대화를 했다.

'그대가 고민하고 있는 것을 보고 도와주려고 하오.'

'어떻게 도와주려고요?'

'그대 안에 믿음이 있는지 없는지는 간단한 방법으로 알아볼 수 있소.'

'어떻게 말입니까?'

'신앙의 유무를 알아보는 데는 기적보다 좋은 것이 없지 않겠소.'

'기적이라니, 도대체 무슨 기적을 말하는 것입니까?'

'구약성경에도 기록되어 있지 않소. 기드온이 양털 한 뭉치를 마당 가운데 놓은 다음 거기에 이슬이 내리는지 혹은 내리지 않는지를 두고 하나님의 뜻을 분별한 일 말이오.'

'그것 참 기발한 생각이군요.'

'지금 곧 베드퍼드로 가는 넓은 길목에 가보면 길 한복판에 커다란 말발굽 자국이 몇 개 나 있을 것이오.'

'…'

'만약 거기에 물이 고여 있으면 '즉시 말라 없어져라' 하고서 소리칠 수 있고, 그 자국이 말라 있다면 '당장 물이 채워져라' 하고서 소리칠 수 있지 않겠소?'

'아주 훌륭한 생각이군요!'

존 번연은 자신의 마음 깊은 곳에서 일어난 대화를 하면서 마지막에는 머리를 끄덕이기까지 했다.

그는 곧바로 베드퍼드로 가는 길목에 나가보았다. 틀림없이 거기엔 커다란 말발굽 자국이 있었다. 물기라곤 전혀 없는 메마른 자국이었다. 존 번연은 가벼운 흥분과 함께 자신 안에 성령이 준 믿음이 있는지 없는지를 빨리 확인해보고 싶었다.

'당장 물이 채워져라.'

존 번연은 말발굽 자국을 바라보면서 큰소리로 외치려고 했다. 그런데 그 순간 머릿속을 스치는 생각이 있었다.

'이렇게 무작정 외칠 것이 아니라 먼저 내게 기적을 행할 만한 능력을 달라고 하나님께 기도하는 것이 옳지 않을까? 내 신앙생활의 운명을 판가름하는 일인데 기도부터 해야지.'

그는 한쪽 언덕에 가서 적당한 자리를 잡고 무릎을 꿇었다. 그러자 또 이런 생각이 들었다.

'기도를 한 후에도 아무런 일이 일어나지 않는다면 어떻게 하지? 이런 일로 내게는 성령이 준 믿음이 없다는 사실이 확인되면 나는 절망에 빠지고 말 거야. 사람마다 이런 기적을 행할 수 있어야만 참된 믿음을 지닌 것이라고 확인된다면 도대체 이 세상에서 구원받은 사람이 얼마나 되겠는가!'

이런 생각이 들자 존 번연은 그 어떤 행동이나 생각도 할 수가 없었다. 한동안 아무 생각 없이 앉아 있다가 그는 결국 말발굽 자국으로 시험해보려던 계획을 그만두었다. 말발굽 자국에 기적을 일으킬 자신이 없었을 뿐만 아니라 그런 식으로 자신의 믿음을 시험하면 오히려 더 큰 절망에 빠질 것 같다는 생각이 들었기 때문이다.

존 기포드 목사를 만나다

존 번연이 말발굽 시험을 포기하고 돌아온 날 밤, 그는 이상한 꿈을 꾸었다.

예전에 베드퍼드 길목에서 신앙 이야기를 나누던 여인들이 산자락에 앉아 따뜻한 햇볕을 쪼이면서 여전히 즐거운 이야기를 나누고 있었다. 그 여인들의 얼굴은 모두 행복에 넘치는 표정이었다. 그런데 불행하게도 자신은 산자락 그늘에서 몸을 웅크린 채 벌벌 떨고 있었다. 그곳은 햇볕이 전혀 들지 않아 얼음과 눈으로 뒤덮여 있었다.

산자락 중간엔 높은 돌담이 둘러져 있었는데, 그것은 여인들이 서 있는 양지와 존 번연이 서 있는 음지를 갈라놓고 있었다. 그 돌담은 양지와 음지의 경계선이었다.

그는 겨우 기어 올라가서 돌담을 넘어보려고 애썼다. 이 돌담만

뛰어넘으면 자기도 저 여인들 가운데 끼어 얼어붙은 몸을 녹이면서 행복한 이야기를 들을 수 있겠다는 생각 때문이었다. 하지만 그런 희망은 쉽게 이루어지지 않았다. 돌담은 턱없이 높았고, 쥐구멍만한 빈틈도 찾을 수 없었기 때문이다.

그는 돌담 밑을 맴돌면서 절규했다. 그러다가 작은 구멍을 발견했다. 그는 또다시 희망을 가지고 그 구멍을 통해 저쪽으로 가보려고 했다. 그러나 그 역시도 실패하고 말았다. 틈이 너무 좁아서 좀처럼 빠져나갈 수가 없었다. 그는 기를 쓰고 노력했지만 번번이 헛수고였다.

존 번연은 매우 지쳐 움직이기가 어려웠다. 그렇게 한참을 앉아 있다가 좋은 생각이 떠올랐다. 몸이 좀 떨리기는 했지만 자기가 가지고 있는 것은 물론 두꺼운 옷도 모두 벗어버리고 맨몸으로 구멍으로 들어가보자는 것이었다. 그는 옷을 모두 벗어던지고 틈바구니에다 먼저 머리를 들이밀고, 그다음에 몸을 비스듬히 뉘어 어깨를 밀어넣었다. 애쓴 덕분에 그는 구멍을 간신히 통과했다.

그는 이제야 살았다는 생각에 안도의 숨을 쉬었다. 그런 다음 여인들에게로 다가갔다. 따뜻한 햇볕과 즐거운 이야기는 최상의 행복이었다.

그런 꿈을 꾼 후 존 번연은 잠에서 깨어나서도 마음이 훈훈하고 평안했다. 자기에게 어떤 희망을 안겨주는 상징적인 꿈이 분명하다고 생각했다. 그는 자기가 꾼 꿈 이야기를 아내에게 들려주었다.

"여보, 어젯밤에 참 희한한 꿈을 꾸었소."

"어떤 꿈이었는데요?"

존 번연은 생생하게 떠오르는 꿈 내용을 자세히 들려주었다. 그러자 아내 역시 기대감에 가득찬 표정으로 대답했다.

"정말 보통 꿈이 아니로군요."

"나의 신앙생활에도 어떤 희망적인 일이 생길 것 같지 않소?"

"제 생각도 그래요."

"내가 나름대로 꿈을 풀이해보았소. 산자락 전체는 살아 계신 하나님의 교회, 따뜻한 햇볕은 주께서 성도들에게 내려주시는 은혜, 돌담은 기독교인과 세상을 갈라놓는 말씀, 돌담 사이에 난 작은 틈은 아버지이신 하나님께 이르는 길이 되신 예수 그리스도, 이런 식으로 말이오."

"그럴 듯한 비유군요."

"그런데 돌담 사이에 난 구멍이 놀랄 정도로 좁고 작아서 정말 죽을힘을 다해서 간신히 통과했다는 게 중요하오. 누구든 이 세상을 벗어나 천국에 들어가려면 자기 소유를 다 버리고 온 힘과 마음을 다하여 애쓰지 않으면 안 된다는 사실을 알려주는 것이 아닐까 하오. 맨몸으로도 겨우 빠져나갈 수 있을 정도이니, 다른 무엇을 가지고는 도저히 통과할 수 없을 거요."

"듣고 보니 복음서의 말씀 그대로군요. 예수께서도 '좁은 문으로 들어가라'라고 하셨잖아요."

존 번연은 그 꿈을 꾸고 나서 확신에 찬 기쁨과 용기를 얻었다. 아직도 신앙에 대해 분명하지 않은 점들이 많았지만, 적어도 자기 앞에는 하나님께로 이르는 길이 놓여 있다는 확신이 들었기 때문이다.

그러나 오래잖아 그는 새로운 의심에 빠져들었다. '정말 나는 하나님께 부름받고 선택받은 존재인가?' 하는 의심과 '만약 구원받을 은혜의 시기가 지났다면 나는 어떻게 될 것인가?' 하는 의심이었다. 이 두 가지 질문이 그의 마음속을 혼란스럽게 했다.

존 번연은 혹시 자기가 택함 받은 존재가 아니거나 택함 받은 존재이더라도 구원받을 은혜의 시기를 놓치고 말았을지도 모른다는 생각에 불안하고 조급해졌다.

그는 예전처럼 또 자문자답을 했다.

'아무리 구원받고 싶은 마음이 간절하더라도 네가 택함을 받았는지 어떻게 알 수 있겠는가?'

'실제로 이를 알아볼 방법은 없다. 그렇다면 아예 체념하고 허둥지둥하지 않는 편이 낫지 않겠는가.'

'만약 그게 훨씬 나은 일이라면 죽음 외에는 아무것도 남지 않을 것이다.'

그를 절망으로 떨어뜨리는 악마의 속임수는 항상 그런 식이었다. 그의 신앙이 조금 성장했나 싶으면 곧바로 이전의 생활에 대한 죄책감이나 하나님에 대한 의심을 키워 그를 그 속으로 빠뜨리곤 했다.

존 번연은 캄캄한 동굴에 갇혀서 보이지 않는 작은 문을 찾는 것 같은 마음으로 영적 싸움을 하고 있었다. 그 싸움과 번민이 얼마나 컸던지 길을 걸을 때면 현기증으로 쓰러질 것 같았고, 정신이 멍해지면서 눈앞에 아무것도 보이지 않기도 했다.

존 번연은 일 년 이상 이런 상태로 지냈다. 그는 여전히 빛을 찾으려고 애썼지만 어디에서도 찾을 수 없었다.

그러다가 그의 머리에 문득 떠오르는 사람이 있었다. 베드퍼드 거리에서 여인들이 이야기하던 존 기포드 목사였다.

'그때 여인들의 이야기는 평범한 것이 아니었어. 여인들에게 그만큼 영향을 끼칠 수 있는 목사님이라면 분명히 나의 신앙문제도 해결해주실 수 있을 거야. 당시 그 여인들이 분명히 자기 교회의 목사님이 존 기포드라고 했었지….'

존 번연은 곧 존 기포드 목사님을 찾아나섰다. 그 목사를 만나 상담하면 자기 문제를 해결할 수 있을 것만 같았다.

존 기포드는 1642년, 영국 안에 내란이 일어났을 당시 소령 계급장을 단 장교로서 왕정군에 가담하여 싸웠다. 그러다가 어느 날 전투 중에 의회군의 손에 사로잡히고 말았다.

"거물급 장교로군."

"큰 수확인 걸?"

"어서 끌고 가자."

기포드 목사는 포로로 끌려가 감옥에 갇히고 총살당할 날짜만 기다리는 신세가 되었다. 그런데 어느 날 밤, 그가 벽에 몸을 비스듬히 기댄 채 잠이 들었다가 귓가에 들려오는 작은 목소리에 잠에서 깨었다.

"오빠, 오빠!"

"누구야?"

"쉿, 조용히 하세요. 오빠, 저예요."

존 기포드 목사의 여동생이었다. 그는 깜짝 놀랐다.

"여기까지 어떻게 온 거야?"

여동생은 어느 새 기포드 목사의 결박을 다 풀었다. 그러고는 얼른 나가자는 손짓을 했다. 그렇게 그는 거기에서 도망쳐 구사일생으로 살아났다. 나중에야 알게 되었지만, 그때 여동생이 감옥에 몰래 들어올 수 있었던 것은 그 시간에 보초병이 깊은 잠에 곯아떨어졌기 때문이었다.

그는 내란이 끝난 후에 불행하게도 방탕의 길로 달려갔다. 하루살이처럼 내일에 대한 희망을 잃은 채 제멋대로 살고 있었다. 게다가 그는 국교회 성도도 아니면서 유독 청교도들을 미워했다. 그의 증오심은 청교도 지도자인 안토니오 해링턴을 총으로 쏘아 죽일 정도였다.

'저놈이 못된 패거리들의 우두머리인가? 어디 맛 좀 봐라.'

그는 해링턴을 겨냥하고 방아쇠를 당겼다. 그러자 해링턴은 총을 맞고 쓰러지더니 죽고 말았다.

그는 그 자리에서 살인범으로 체포당했으나 당시 나라의 실권을 국교도가 장악하고 있었기 때문에 얼마 지나지 않아 풀려났다.

기포드는 비록 풀려나긴 했으나 죄 없는 사람을 죽였다는 죄책감에 시달리게 되었다. 치기어린 마음에 방아쇠를 당긴 후 계속 그 일을 후회했던 것이다.

그즈음 그는 청교도인 로버트 볼턴이 쓴 책을 읽게 되었다. 이 책은 죽음과 심판과 지옥과 천국 등 네 가지 주제를 다루고 있는 신앙

서적이었다. 그런데 그 내용이 기포드 목사의 완악한 마음을 변화시켰다. 그 책을 읽다 말고 그 자리에서 무릎을 꿇었다. 그리고 떨리는 목소리로 이렇게 외쳤다.

"하나님! 저는 백 번 죽어 마땅한 흉악한 죄인입니다. 당신은 이제 저를 어떻게 하시렵니까."

그의 두 눈에서는 눈물이 하염없이 쏟아져내렸다. 회개하는 그의 얼굴은 눈물로 범벅이 되어 있었다.

그런데 바로 이때, 하늘로부터 밝은 빛이 존 기포드의 얼굴을 향하여 비추기 시작했다. 그는 그것이 하나님께서 자기의 죄를 다 용서하고 그를 받아들이신다는 증거라고 생각했다. 기포드 목사는 이때부터 열심히 성경을 연구했고, 얼마 후 안수를 받고서 베드퍼드 침례교회에서 목회를 시작했다.

존 번연이 베드퍼드교회에 도착했을 때 존 기포드 목사는 그를 반갑게 맞아주었다.

"처음 뵙는 분이군요. 무슨 일로 우리 교회에 오셨습니까?"

"목사님을 만나고 싶어서요."

"그래요, 이리 들어오십시오."

존 번연은 자리에 앉은 후 자신을 소개했다.

"엘스토에 살고 있는 존 번연입니다."

"그런데 무슨 용건으로 베드퍼드까지 온 것입니까?"

"신앙에 관한 일로 상담을 하고 싶어서 찾아왔습니다."

존 기포드 목사는 존 번연이 자신의 문제를 털어놓도록 인자한 웃음을 지으며 기다렸다. 존은 기포드 목사에게서 풍기는 평안한 분위기에 용기를 내어 여태까지 의심해왔던 괴로운 문제들을 털어놓기 시작했다.

"최근에 나를 가장 답답하게 만들고 있는 것은 '하나님께서 과연 나를 선택하셨는가' 하는 것과 '선택을 받았더라도 구원을 받을 때를 놓쳤다면 어떻게 되는가' 하는 문제입니다. 목사님, 이런 경우에 어떻게 하면 답을 얻을 수 있을까요?"

존 번연의 고민을 들은 후 기포드 목사는 입가에 인자한 미소를 머금고 대답했다.

"만약 하나님께서 누구를 선택하셨다면, 그 말은 곧 또 다른 누군가는 선택하지 않았다는 말이 됩니다. 그러나 우리가 믿는 하나님은 누구는 부르고 누구는 부르지 않으시는 편협한 분이 아닙니다. 우리 모두를 믿음의 자리로 부르셨습니다."

"그걸 어떻게 알 수 있나요?"

"성경에 수없이 기록되어 있습니다. 가령 선지자 에스겔이 하나님은 악인 하나라도 죽는 것을 원하지 않으신다고 말씀하셨던 일이나, 예수님의 제자 베드로가 하나님은 오래 참으시며 아무도 멸망하지 않고 다 회개하기를 원하신다고 하셨던 말씀 등이 그것이지요. 또 사도 바울은 누구든지 주의 이름을 부르는 자는 다 구원을 얻을 것이라고 말했습니다."

"그렇다면 목사님, 예수께서 정작 택함을 받는 자는 적다고 말씀하셨는데 이건 무슨 뜻이지요?"

"그 말씀의 진정한 의미는 택함을 받은 자가 적다는 것이 아니라 사람들의 마음이 그만큼 완악하여 구원의 진리를 받아들이는 자가 적다는 표현이 아니겠습니까."

존 기포드 목사는 자신을 빤히 바라보고 있는 존 번연을 보며 말을 이었다.

"예수께서 들려주신 천국의 비유를 보십시오. 천국을 잔치로 비유한 이야기 말입니다. 종이 주인더러 '분부대로 했는데도 아직도 자리가 남았습니다'라고 했습니다. 그때 주인이 종에게 '억지로라도 사람들을 데려다가 내 집을 채우라'라고 명하셨습니다. 생각해보십시오. 아직도 자리가 남아 있고, 사람들을 억지로라도 데려다가 그 자리를 채우고자 한 것이 하나님의 의지라면, 어찌 번연 씨 한 사람만 초대에서 제외하셨겠습니까."

"아, 그렇군요!"

그 순간 존 번연의 가슴에 답답하게 막혀 있던 것이 시원스레 뚫리는 기분이었다.

"또 사도 바울이 고린도후서 6장 2절에서 '보라 지금은 은혜 받을 만한 때요 보라 지금은 구원의 날이로다'라고 했는데, 여기서 말하는 때와 지금은 금방 지나쳐가고 놓치기 쉬운 시간을 가리키는 것이 아니라 현재 내게 주어진 기회를 가리키는 말입니다. 그러니까 이런 기회는 내가 이 땅에 살고 있는 한 계속 있는 것이라고 할 수 있지요. 어느 날 갑자기 숨을 거두면 다 잃고 마는 기회이지만…."

"그렇다면 현재 이 시간이 바로 내게 주어진 구원의 기회라는 말입니까?"

"그렇습니다."

"그렇다면 제가 지금 주님의 구원을 확신해도 되겠습니까?"

"물론입니다. 번연 씨."

"정말 감사합니다. 모든 문제가 한꺼번에 다 풀린 것 같습니다."

"그런데 말입니다."

존 기포드 목사는 꼭 말해야 할 것이 있다는 듯 강하게 말을 덧붙였다.

"누구라도 구원의 확신을 가지기 이전에 반드시 깨닫지 않으면 안 되는 전제조건 같은 것이 있습니다."

"그게 뭔데요?"

"자기의 본성이 얼마나 타락한 존재인지를 올바르게 깨달아야 한다는 것이지요."

존 번연은 전에 여인들이 하던 이야기를 떠올렸다. 그가 무슨 말을 하려는지 어렴풋이나마 알 것 같았다.

"인간은 어느 정도 타락해 있을까요?"

"사람마다 다르지만, 대개 인간들은 자기 행위를 통해 구원받을 수 있다는 오만에 사로잡혀 있을 정도로 타락해 있습니다."

그 말을 듣는 순간 존은 마치 자기 이야기처럼 느껴져서 가슴이 두근거렸다. 늘 선한 행위를 하기 위해 자신과의 싸움에서 이기고 지는 것을 반복해온 터였다.

"좀 더 자세히 설명해주시겠습니까?"

"생각해보십시오. 자기의 선한 행실에 자신이 있다면 어떻게 주님을 향해 진정한 구원자라고 고백할 수 있겠습니까. 우리 모두는 자신이 별 수 없는 비천한 존재라는 사실부터 깨달아야 합니다. 그래야만 예수 그리스도의 구원을 간구하고 절실히 부르짖을 수 있으니까요."

존 기포드 목사는 이때 존 번연에게 죄로 타락한 본성에 대한 자각부터 깨우쳐주고자 했다. 하지만 기대한 성과가 그 자리에서 당장 이루어지진 않았다. 존 번연은 자신이 의롭게 살고 있다는 생각을 쉽게 버리지 못했기 때문이다.

하지만 그날 이후 존 번연은 존 기포드 목사를 자주 찾아갔고, 그럴 때마다 기포드 목사는 신앙생활에 대한 여러 가지 문제들을 매우 친절하게 상담해주었다. 그러는 사이에 존 번연은 자기의 타락한 본성을 점점 깨닫기 시작했다.

무엇보다도 먼저 자신 안에 두드러진 죄의 경향을 직시할 수 있었다. 바로 끊임없이 충동질하는 육욕이었다. 그는 이 점에 대해 훗날 다음과 같이 말했다.

나는 그제서야 타락한 본성이 이전에 미처 몰랐던 사악한 생각과 욕망을 충동시켜 내 안에서 강하게 일어나는 정욕임을 알게 되었다.

세례를 받다

존 번연은 존 기포드 목사와 교제하는 동안 자신이 절망적일 만큼 타락한 본성을 가진 인간이라는 사실을 조금씩 깨닫게 되었다. 나쁜 행동과 말을 고친 후에 자기 만족에 젖어 '영국 땅이 아무리 넓다 하더라도 하나님은 나만큼 당신의 뜻에 맞는 사람을 찾아내실 수 없을 거야'라고 단정했던 자만심이 깨어지고 있었다.

존 번연은 이때의 자기 상황을 이렇게 기록하고 있다.

내가 나 자신을 선하다고 알고 있었을 때, 하나님은 전혀 그렇게 보지 않으신다는 사실을 후에야 깨닫게 되었다. 그때만큼 오만이 가득하고 내 욕망을 채우기 위해 여념이 없었던 적은 없었다.

오히려 그런 자만심에 눈이 가려서 나는 나의 죄성을 보지 못한 채 점점 더 하나님으로부터 멀어지고 있었다. 그러면서도 나 자신의 노력으로 내가 하나님 앞에서도 부끄럼 없는 사람으로 변해가고 있다는 교만한 생각으로 만족하고 있었다.

나는 존 기포드 목사님을 만남으로 나의 온전한 모습을 발견할 수 있었다. 절망적일 만큼 타락하여 죄로 가득하며 자유함을 얻지 못하고 가련한 모습을 가진 영혼이 바로 나였음을 깨달았다.

그는 자신의 죄인 됨을 깨닫고, 이처럼 절망적인 존재인 자신을 어떻게 주님께서 구해주실 것인가 하는 의심이 일어나 또다시 절망에 빠지기도 했다.

이때의 심경을 그는 훗날 다음과 같이 말했다.

만약 지금 내가 화형에 처해진다면 나는 절대로 그리스도가 나를 사랑하신다고 믿지 않을 것이다. 당시 나는 나 자신의 타락한 모습에 몸서리쳤지만 슬프게도 내게 그리스도의 음성은 전혀 들리지 않았고 그분의 모습도 볼 수 없었다. 또한 그리스도에 관한 그 무엇 하나도 음미할 수조차 없었다.

존 기포드 목사의 말에 의하면, 이런 절망은 그가 예수 그리스도에게 접근하는 과정에서 반드시 깨달아야 할 일이었다. 그러나 그는 이때 자신의 절망적인 상태에만 젖어서 주님이 자신을 위해 먼저 어떤 일을 해주셨는지 미처 알지 못했기 때문에 이중적인 절망에 빠지고 말았던 것이다. 돌이켜보면 이런 일은 초신자 시절에도 한 번 겪었는데, 이번에는 더 깊고 강하고 치명적인 절망에 빠졌다.

존 번연이 존 기포드 목사를 만난 것은 하나님의 인도하심이 분명했다. 이전에도 여러 번 자신과의 싸움을 해왔으나 진정한 의미의 영적전쟁은 이제부터가 시작이었다.

그가 한창 깊은 죄책감에 시달리고 있을 무렵, 그는 이런 생각을 하기도 했다.

'왜 하나님은 하필이면 나를 다른 피조물이 아닌 인간으로 만드셨을까. 인간을 가리켜 모두가 만물의 영장이라고 일컫지만 나처럼 하나님께 버림받은 존재가 된다면 무슨 소용이 있겠는가. 현재 이 땅에서 생존하고 있는 수많은 생물들 가운데 진정한 회심을 경험하지 못한 인간, 그리하여 여전히 죄 가운데서 나처럼 헤매는 불행한 존재가 또 어디 있겠는가!'

존 번연이 그때까지 인간 한 사람 한 사람이 하나님의 형상대로 지음 받은 존귀한 존재임을 인식하지 못했기 때문이었지만, 어쨌든 존 번연은 자기 자신이 누구보다도 그 어떤 무생물보다도 불쌍한 존재라고 생각했다.

'사실 짐승이나 새나 물고기가 인간에 비하면 아무것도 아닌 것 같지만 그것들은 절대로 죄에 빠질 가능성이 없다. 그렇기에 짐승이나 새나 물고기 등은 자기가 죽어 마지막 날에 지옥의 불길에 떨어질 염려와 두려움도 전혀 없을 것이다. 아, 차라리 나도 그런 미물로 태어났다면 얼마나 좋았을까.'

그러다가 그는 어느 주일날 베드퍼드교회에서 존 기포드 목사가 아가서 4장 1절 "내 사랑 너는 어여쁘고도 어여쁘다"라는 성경 말씀으로 한 설교를 듣게 되었다. 이때 존 기포드 목사는 '내 사랑하는 자여'라는 주제로 설교를 했다.

"성도 여러분, 예수 그리스도께서 우리들 한 사람 한 사람을 어떻게 사랑하시는지 아십니까? 첫째, 주님은 구원받은 한 영혼이 자기 스스로 사랑을 지니고 있지 않더라도 여전히 사랑해주십니다. 둘째, 주님은 외적인 조건과 관계없이 한결같이 사랑해주십니다. 셋째, 세상은 주님을 미워해도 그분은 변함없이 세상 사람들을 사랑해주십니다. 넷째, 주님은 시험을 받거나 당신에게 버림받았다는 유혹에 빠져 있는 자들도 여전히 사랑해주십니다. 마지막으로 주님께서는 당신을 거역하는 자들까지 변함없이 사랑하십니다. 그러므로 우리는 하나님의 이런 사랑을 조금도 의심해서는 안 됩니다."

존 번연은 존 기포드 목사의 설교를 듣다가 '시험을 받거나 주님으로부터 버림받았다는 유혹에 빠져 있는 자'라는 말에 마음이 사로잡혔다. 자신이 현재 가지고 있는 문제이기도 했기 때문이다.

'주님은 시험을 받고 심지어 당신께 버림받았다는 유혹에 빠져 있는 자들도 여전히 사랑하신다!'

생각하면 할수록 감격스러운 메시지였다. 존 번연은 예배 시간 후에 존 기포드 목사를 찾아가서 물었다.

"시련에 빠져 괴로워하고 있는 자, 주님께서 이미 버림받은 존재까지도 여전히 사랑하신다는 말씀을 하셨는데 그 말씀을 믿어도 됩니까?"

"물론입니다."

"아무리 주님이라도 어떻게 버린 자를 사랑하실 수 있습니까?"

"주님께 버림받았다는 것은 시험에 빠진 자의 생각에 지나지 않기 때문입니다. 실제로 주님께서는 그 누구도 버리신 일이 없으니까요."

"아무도 버리지 않으셨다고요?"

"생각해보십시오. 주께서 누구는 버리시고 누구는 버리지 않으셨다면 어떻게 그분이 죄인의 구원자가 되실 수 있겠습니까."

그 순간 존 번연의 가슴에는 밝은 빛이 비치는 것 같았다. 주님께 버림받았다는 것이 자기의 생각에 지나지 않는 일이라면 얼마나 좋겠는가. 그는 약간 흥분하면서 다시 물었다.

"하지만 주님을 의심하고 떠난 사람도 여전히 사랑해주실까요?"

"당연하지요. 사람이라면 힘들지도 모릅니다. 그러나 주님께서는 그렇지 않습니다. 우리 생각으로 전혀 사랑할 수 없는 존재처럼 보이는 사람들까지도 사랑해주시니까요. 그런 절대적인 사랑을 주님은 이미 우리에게 보여주셨습니다."

"어떻게 말입니까?"

"예수님께서 십자가 위에서 고통스럽게 죽으셨습니다. 그것이 바로 우리에게 보여주신 엄청난 사랑입니다."

존 번연은 그때까지 십자가 사랑과 자신을 직접 연결해본 적이 없었다. 존 기포드 목사는 말을 이었다.

"십자가는 도저히 용서받을 수 없는 사악한 죄인까지도 결코 거절하지 않고 사랑하고 받아들이신다는 확실한 증표입니다. 예수님의 죽음은 우리의 죄를 대속하기 위한 것이었어요. 이 세상 모든 사람들은 죄인입니다. 주님은 그런 우리를 불쌍히 여기셔서 우리 모두가 구원의 소망을 가지고 돌아오기를 지금도 바라고 계신답니다."

"목사님, 그렇다면 예수님께서는 제 흉악한 죄를 사해주실 수 있나요?"

"그럼요. 존 번연 씨가 십자가에 달려 돌아가신 예수님을 믿기만 하면, 주님께서 십자가에 달리심으로 번연 씨의 죄를 모두 사해주셨다는 것을 믿기만 하면, 그것으로 구원은 이루어지는 것입니다."

이제 존 번연은 더 이상 죄책감에 시달릴 필요가 없었다. 이젠 죄에서 자유함을 얻었다. 자신은 아무것도 하지 않았지만 예수 그리스도의 십자가를 믿음으로 자유와 평화와 기쁨을 얻었다. 그는 그동안 눌려온 죄의 짐보다 훨씬 큰 기쁨으로 모든 억누름에서 벗어났다. 그동안 자신이 노력하고 수고하고 애썼을 때보다 훨씬 큰 자유함과 기쁨을 느꼈다.

~

존 번연은 며칠 후 존 기포드 목사로부터 세례를 받았다. 1653년, 그의 나이 25세 때였다. 그는 이때의 감격을 이렇게 말했다.

나는 이제야 하늘의 위로와 기쁨으로 넘치게 되었다. 나의 참혹한 죄가 그리스도의 죽음을 통해 말끔히 사함받았다는 사실을 확신했기 때문이다. 나는 이때 하나님의 그 큰 사랑과 은총에 마음을 완전히 빼앗기고 말았다. 이런 감격에 대해 입을 다물고 있기가 어려울 정도였다.

등산하는 일에 비교한다면, 존 번연은 이제 구원의 정상에 우뚝 올라선 셈이었다. 분명 복음적인 진리의 길을 따라서 올라선 정상이었다.

그러나 실제적인 영적 투쟁은 그때부터 시작이었다. 예전에 베드퍼드 여인들에게서 들었던 대로 구원받기 이전보다도 그 이후에 시험과 시련이 더 많다는 말은 옳았다.

그가 구원의 감격을 체험한 지 40일도 채 지나지 않아 그는 원래의 자리로 되돌아가고 말았다는 기분이 들었다. 밝은 빛 아래서 기쁨을 누린 것은 잠시 동안의 일이었고, 의심의 먹구름이 다시 그를 뒤덮었다.

그러나 그는 자신을 또다시 어두움으로 몰고 가는 의심과 생각들을 믿음으로 몰아내려 했다.

> 시몬아, 시몬아, 보라 사탄이 너희를 밀 까부르듯 하려고 요구하였으나 그러나 내가 너를 위하여 네 믿음이 떨어지지 않기를 기도하였노니 너는 돌이킨 후에 네 형제를 굳게 하라 눅 22:31,32

때로는 누군가 등 뒤에서 크게 외치는 것 같았다. 그래서 그는 몇 번이나 돌아보기도 했다. 존 번연은 이런 일을 두고 훗날 다음과 같이 말했다.

> 계속해서 그 소리가 내 귓가를 울렸지만 내가 워낙 무지하고 우둔했던 탓에 그 소리가 왜 들렸는지 미처 알지 못했다. 그러다가 얼

마 후에야 그 이유를 겨우 알 수 있었다. 그것은 장차 내게서 일어날 일들을 알려준 하늘의 경고였다.

그로부터 한 달도 되기 전에 그에게 엄청난 시련의 폭풍우가 몰아닥쳤다. 그는 예전보다 몇 십 배나 지독한 함정 속으로 곤두박질쳤다. 그 다음 그를 유혹하는 빈정대는 소리가 들려오기 시작했다.

'어때? 지금 하나님의 구원이 어디에 있니?'

그는 그 목소리와 맞서싸웠다.

'나는 지금 어려움 속에 빠져서 어떻게 해야 할지 알 수가 없어.'

'그것 봐. 도대체 하나님이 어디에 살아 있다는 거야? 하나님을 부인해버려. 하나님이 정녕 존재한다면 그가 절대로 가만히 있지 않겠지.'

'아니야. 내가 지금 이 지경에 빠져 있다고 해도 내 입으로 하나님을 모독할 수는 없어.'

'오호, 버티겠다는 거냐? 아서라, 제발 그만두렴. 하나님이 살아서 어쩌고저쩌고 한다는 성경 기록 따위는 다 옛날 이야기꾼들이 교묘하게 만들어낸 이야기에 불과하니까.'

'닥쳐!'

'아니, 오히려 너는 내 말을 들어야 해. 너희가 예수를 구세주라고 주장하는 성경을 가지고 있듯이, 이슬람 교도들은 마호메트가 구세주라고 주장하는 그들의 코란을 가지고 있어. 뿐만 아니라 여러 이교도들 모두 자기들의 종교가 참되다고 주장하고 그들의 경전을 가지고 있지. 사실 이 땅에는 서로 다른 수많은 민족들이 흩어져 살고 있지만 너처럼 하나님을 믿고 있는 민족은 결코 많지 않아. 그런데도 너는 하나님만이 참 신이라고 주장할 셈이야?'

'사도 바울은 '인류의 모든 족속을 한 혈통으로 만드사 온 땅에 살게 하시고 그들의 연대를 정하시며 거주의 경계를 한정하셨으니'라고 말씀했어. 그러니 더 이상 말하지 마!'

'흥, 그런 교활한 자의 말에 귀를 기울이다니 너도 참 어리석구나. 그건 너희를 속이려고 거짓으로 쓴 말이라고.'

존 번연은 끊임없이 마귀가 자신을 유혹한다는 사실을 깨달았다. 그러나 그 사실을 알았을 뿐 어떻게 대항해야 할지는 여전히 알 수 없었다. 그는 유괴당해 끌려가는 아이처럼 마음을 악마에게 유괴당하고 있다고 생각했다. 그러므로 끌려가지 않기 위해 그저 버틸 뿐이었다.

존 번연은 강한 유혹 때문에 성령을 모독하고 싶은 충동을 느끼기도 했다. 그러나 복음서에서 성령을 모독하는 죄는 용서받지 못한다고 말씀하고 있기 때문에, 그는 혹시라도 자기가 성령을 모독하는 말을 내뱉을까 봐 손으로 턱을 단단히 괴고 있기도 했다.

또 어떤 때는 아예 말을 하지 않기 위하여 거름더미 속에 머리를 처박고 싶다는 생각까지 했다.

'차라리 내가 개구리나 벌레로 태어났다면 이런 파멸의 두려움은 가지지 않았을 텐데…'

영적 승리

존 번연의 마음은 난파선과 다름없었다. 천 갈래 만 갈래로 찢기고 흐트러졌다.

이 무렵 특히 그의 영혼을 무참하게 찢어놓은 성경 구절이 있었다. 그것은 이사야서 57장 20,21절 말씀이었다.

> 그러나 악인은 평온함을 얻지 못하고 그 물이 진흙과 더러운 것을 늘 솟구쳐내는 요동하는 바다와 같으니라 내 하나님의 말씀에 악인에게는 평강이 없다 하셨느니라

이 말씀은 그를 좌절시키기에 충분했다. 자기처럼 마음이 강하게 요동치는 사람이 없다고 생각했기 때문이다. 그는 자신의 끔찍한 모습을 탄식했지만 그 함정에서 쉽게 탈출할 수가 없었다.

이런 내면적인 시련은 일 년 이상이나 계속되었다. 그동안에도 꾸준히 교회에 참석했고 성례전에도 참여했는데, 이런 일들은 마음에 평안을 가져다주기는커녕 도리어 더 크고 강한 고통만 안겨다주었다.

설교를 들어도 귀에 한마디도 들어오지 않았고, 반대로 불신앙의 생각만 떠오르곤 했다. 성경을 읽어도 모든 내용에 의심이 갔다. 그런 중에 생각도 종잡을 수 없는 방향으로 내달리기만 하니 그는 어찌할 바를 몰랐다.

기도하는 데도 어려움이 이만저만이 아니었다. 기도하려고 무릎을 꿇기만 하면 마귀가 그의 약점을 공격해왔다.

'어휴, 이제 그만둬. 기도를 여태 한두 번 했어? 그렇지만 달라진 것도 없잖아.'

어떤 때는 다른 모습으로 그를 꾀었다.

'꼭 기도하고 싶다면 차라리 나를 위해 기도해. 하나님께 하는 쓸데없는 기도보다 훨씬 쓸모가 있을 걸? 히히히.'

이런 유혹은 예수께서 광야에서 40일 동안 금식기도 하신 후에 시험을 당하실 때 마귀가 '나에게 절을 하라'라고 했던 것과 같은 것이었다.

그러나 존 번연의 마음이 늘 암담하기만 한 것은 아니었다. 지루한 장마 동안에도 가끔씩 먹구름 사이로 푸른 하늘이 보이는 날이 있듯이, 마음이 아무리 참담한 지경에 이르렀더라도 하나님께서 당신의 자비를 거두실 까닭이 없다는 생각이 들곤 했던 것이다.

하지만 이런 때는 마귀가 눈치채고 재빨리 그를 공격했다. 존 번연이 하나님의 자비를 포기하고 기대하지 못하도록 만들려는 속셈이었다.

'설마 하나님이 너를 불쌍히 여겨 자비를 베풀어주실 거라고 생각하는 거야? 이런 어리석은 사람 같으니라고. 그건 네 터무니없는 생각일 뿐이야. 하나님은 누구에게나 무작정 자비를 베푸시는 분이 아니거든. 그렇지 않다면 신앙의 길에서 낙오된 사람들이 왜 그렇게 많겠어.'

존 번연은 무엇보다도 신앙의 길에서 낙오된 자들에 대한 생각이 들 때면 암담한 절망 가운데서 헤어나오지 못했다. 만약 하나님께서 그들에게 끝까지 자비를 베풀어주셨다면 어떻게 그들이 불행의 나락에 떨어졌겠는가 하는 생각 때문이었다.

그러다가 존 번연은 아주 귀중한 책 한 권을 손에 넣었다. 마르틴 루터의 《갈라디아서 주석》이었다. 이 책은 1575년에 처음 출판되었고, 1640년에는 9판에 이르러 있었다.

그는 이 책을 처음 대하는 소감을 이렇게 말했다.

이 책은 대단히 낡아 책장을 넘기기만 해도 바스러질 정도였다. 그러나 나는 이런 낡은 책이라도 내 손에 넣은 것을 얼마나 다행스럽게 여겼는지 모른다. 왜냐하면 첫머리만 읽어봐도 마르틴 루터 역시 경험을 통해 현재의 나와 같은 상태를 깊이 다루고 있음을 알 수 있기 때문이다. 이 책을 만난 것은 참으로 큰 수확이 아닐 수 없다.

이 주석은 극도의 시련, 다시 말하면 하나님을 모독하는 죄와 절망적인 자포자기 같은 상태가 어떻게 생겨나는가를 아주 진지하게 다루고 있었다. 그리고 모세의 율법이 악마와 죽음과 지옥에 못지않은 커다란 시련과 크게 관계되어 있다는 사실도 밝히고 있었다.

그는 이 책을 통해, 무엇보다도 절대적인 믿음을 가져야 한다는 것과 그러기에 끝까지 그리스도만을 신뢰해야 한다는 사실을 깨우쳤다. 존 번연은 이 책을 읽는 동안 커다란 힘을 얻었다.

그는 책을 읽으면서 받았던 감동을 이렇게 전한다.

나는 루터의 책을 읽으면서 모처럼 시련 속에서 구원을 받았다는 믿음을 가질 수 있었다. 그리고 나를 구원한 거룩한 복음 안에서 평안해졌다. 그리스도를 통한 하나님의 사랑과 위로와 확증을 동시에 얻었기 때문이다.

그러나 마귀는 그를 그대로 내버려두지 않았다. 그가 어두움의 자리에서 빛의 자리로 옮기려하자 더 악착같이 덤벼들었던 것이 분명하다.

'이봐, 사실 믿음이란 것처럼 허황한 것은 없어. 내가 믿는다고 해서 하늘에서 땅으로 떨어지던 별이 다시 하늘로 올라가는 것 봤어? 제발 성경이란 걸 가지고 더 이상 시간을 낭비하지는 마!'

마귀는 더 나아가 예수를 팔아넘기라고 꾀었다.

'쓸데없는 방황을 멈추는 좋은 방법이 있지. 그리스도라는 존재를 믿는다고 해서 생활이 나아졌어? 오히려 고민하느라 머리만 더 아프지 않아? 그러니 그를 세상의 가치 있는 것과 바꿔. 그를 팔아서 더 잘사는 방법을 택하란 말이야. 그러면 네 방황도 멈출 수 있을 거야.'

존 번연은 도리질을 하면서 외쳤다.

'아니야. 안 돼! 절대로 그럴 수는 없어. 나는 세상에서 그 어떤 귀한 것을 얻게 된다 하더라도 그리스도를 버리지 않을 거야. 그를 팔아넘길 수는 없어!'

그가 강하게 반항하면 할수록 마귀 또한 더욱 강하게 그의 마음을 두드렸다.

'너는 지금 속고 있는 거라니까. 그리스도를 팔아넘겨라. 예수를 팔아라!'

그는 시련의 기간 동안 그리스도를 팔라는 말을 하루도 떠올려보지 않는 날이 없었고, 어떤 때는 '팔아라, 팔아라, 팔아라' 하는 말이 가슴 속에서 수십 번이나 연거푸 울려대기도 했다.

그러다가 존 번연은 어느 날엔가 치명적인 상태까지 떨어지고 말았다. 그리스도에 대한 자기의 배신이 하나님의 뜻이라면 달게 받겠다는 어처구니없는 생각에 동의해버린 것이다.

이날 아침도 그는 잠자리에서 일어나면서부터 시험으로 엎치락뒤치락하고 있었다.

'팔아라.'

'아니다.'

'팔아라.'

'아니다.'

그는 마음속에서 울려나오는 마귀의 속삭임을 반복해 들으면서 신음했다. 눈에 보이지는 않지만 권투 선수가 링 위에서 온몸에 땀과 피를 흘리며 사투를 벌이는 모습과 다르지 않았다.

존 번연은 숨을 쉴 겨를도 없었다. 마귀가 소나기 퍼붓듯 그를 공격했기 때문이다. 그래도 그는 '절대로 팔 수 없다'는 말을 되풀이하면서 끝까지 버티려고 발버둥을 쳤다. 그러다가 결국 인간의 한계에 부딪쳤다.

"하나님의 뜻이라면…."

이 말을 신음처럼 내뱉으면서 그는 그만 쓰러지고 말았다. 참담한 패배였다. 이 일을 두고 그는 훗날 다음과 같이 말했다.

아, 사탄의 집요함이여! 아, 인간의 무능함이여! 나의 싸움은 순식간에 끝나버리고 말았다. 나는 마치 나뭇가지에 앉아 있던 작은 새가 총을 맞고 땅으로 떨어진 것처럼 무서운 절망의 나락으로 내동댕이쳐졌다. 그리고 나는 망연자실한 채 공허한 들판을 헤맸다. 이 얼마나 처절한 일인가.

그로부터 몇 달이 지난 후, 존 번연은 신앙을 재기하려는 열망을 가지고 안간힘을 썼다. 그리고 '예수의 피가 모든 죄에서 우리를 깨끗하게 해주실 것이다'라는 성경 말씀을 붙들고 여러 차례 자신을 회복시켜달라고 하나님께 호소했다.

그러나 불행하게도 이럴 때마다 팥죽 한 그릇으로 장자의 권한을 팔아넘긴 에서를 가리켜 한 말, 즉 "너희가 아는 바와 같이 그가 그 후에 축복을 이어받으려고 눈물을 흘리며 구하되 버린 바가 되어 회개할 기회를 얻지 못하였느니라"라는 히브리서 12장 17절 말씀이 그의 마음을 가로막고 나섰다. 이것 역시 마귀의 계략이었다.

존 번연은 자기 마음속에서 그리스도를 버린 죄를 다윗 왕이 범한 간음죄와 살인죄와 비교해보기도 했다.

'다윗 왕이 범한 죄는 정말 끔찍했지. 그것도 큰 은혜를 입고 난 후에 저지른 범죄였어. 그러나 깊이 생각해보면 그의 죄는 단지 모세의 율법을 어긴 것일 뿐이야. 그가 직접 그리스도를 팔아넘긴 범죄는 아니었어. 그렇다면 나야말로 얼마나 참담한 죄인인가!'

존 번연은 때로 '자기의 죄가 가룟 유다가 범한 죄보다는 그래도 가볍지는 않을까' 하고 생각하면서 스스로 위로를 받기도 했다. 그러나 이런 생각조차도 그에게 좌절만 안겨주었다.

'유다의 죄가 추악한 것은 사실이지만 그것은 단순히 물질에 눈이 어두워져서 순간적으로 저지른 범죄에 지나지 않아. 그러나 나는 은혜가 무엇인지를 경험하고 오랫동안 기도의 싸움을 벌이고 나서 결국 그리스도를 버리고 말았지. 그런데 어떻게 내가 가룟 유다의 범죄와 비교해서 위로를 받을 수 있겠는가!'

한편 그 무렵 나다나엘 베이컨이 쓴 《프랜시스 스파이라》의 전기가 사람들 사이에서 큰 화제를 일으키면서 널리 읽히고 있었다. 프랜시스 스파이라는 원래 착실한 신교도였는데 세속적인 동기로 가톨릭교회의 신자로 개종하여 결국 절망 가운데 죽고 말았다.

우연한 기회에 그 이야기를 듣고 존 번연은 쓰라린 마음이 들었다. 그것이 마치 자기 이야기처럼 들렸을 뿐 아니라 자신의 종말도 그렇게 되는 것은 아닐까 하는 두려움이 들었기 때문이었다. 그는 이때의 아픔을 마치 깊은 상처 속에 짜디짠 소금을 쑤셔넣는 것 같았다고 고백했다.

새벽에 이르면 사방은 더욱 캄캄해진다. 해 뜨기 직전의 새벽이 가장 캄캄하고 어둡다. 그러다가 이내 날이 밝아오기 마련이다. 존 번연에게 일어나고 있는 모든 일 역시 그와 같았다. 그가 영적 싸움을 하며 캄캄한 절망 속에서 헤매고 있다는 것은, 곧 엄청난 은혜와 변화의 아침이 다가올 것을 알리는 반증이라고도 볼 수 있다.

그가 영적인 싸움으로 지쳐 있을 때, 엎친 데 덮친 격으로 몸까지 쇠약해졌다. 결핵에 걸린 것이다. 그는 영적인 건강과 육적인 건강이 모두 나빠졌다.

"여보, 많이 고통스럽죠?"

"물론 고통스럽소. 그러나 내가 더욱 관심을 가지고 있는 것은 다른 문제요."

"그게 뭔데요?"

"내세에도 나의 생명이 과연 존재하는가 하는 문제라오. 만약 나의 삶이 이생에서 끝나버린다면 길게 살든 짧게 살든 그게 무슨 의미가 있겠소."

"…."

이때 존 번연은 하나님의 은혜에 대해서 생각할 여유가 조금도 없었고, 대신 마음 깊이 죄의식이 밀려들어왔다. 그리고 그의 마음을 더욱 괴롭힌 것은 하나님과 이웃에 대해서는 관심조차 사라져버린 자신의 모습이었다. 영적으로도 육적으로도 쇠약한 상태이니

당연한 것이었지만 그것조차 그에게는 죄의식의 모습으로 스며들었다.

이런 지경에 이르자 존 번연은 자기가 지금까지 한 번도 하나님을 경험해본 적이 없다는 생각이 들면서 빨리 죽고 싶다는 생각만 했다.

'하지만 어떻게 한단 말인가? 살 수도 없고 죽을 수도 없으니. 이럴 수도 저럴 수도 없이 톱니바퀴에 꽉 끼어버린 것 같구나.'

오랫동안 시험 가운데서 고민하고 또 고민하던 존 번연에게 하나님은 은혜의 손길을 내미셨다. 그가 드디어 성령 안에서 완전히 변화되고 거듭나는 시간을 맞게 된 것이다. 그런 감동적인 일은 그의 생애에 있어서 전에도 없었고 후에도 없었다.

그런 변화는 어느 날 밤 잠자리에서 분명한 음성을 들으면서부터 시작되었다.

'존 번연, 너는 예수 그리스도의 피로 씻음 받은 후 의로워지는 것을 단 한 번이라도 거부한 적이 있었느냐?'

'아니오. 그런 적은 없었습니다.'

'그렇다면 너는 여태 너를 지켜주셨던 분을 거역하지 않기 위해 조금 더 노력하고 조심해야 하지 않겠느냐?'

'주님, 제가 그렇게 행할 수 있도록 저를 붙잡아주소서.'

그가 들은 것은 분명히 영적 음성이었다. 경이로운 신비 체험이 분명했다.

그러나 며칠 사이에 상황은 또 달라졌다. 마귀는 그의 눈앞에서 하나님을 완전히 가려버렸고, 그가 죽음 앞에서 벌벌 떨도록 만들었다. 마귀 역시 하나님의 역사하심을 알고, 그의 마음을 빼앗기 위해 마지막까지 발악을 한 것이다.

'이제는 지옥에 떨어질 수밖에 없구나.'

존 번연은 낙심했다. 그러나 그 다음 순간 어디선가 생생한 음성이 다시 들려왔다.

'조금도 두려워하지 마라. 나 그리스도가 네 영원한 생명이기 때문이다. 나는 너를 살리려고 대신하여 죽었다가 다시 살아났다.'

그는 생기가 솟는 것 같았다. 분명히 죽음을 이길 만한 믿음이 가슴 깊이 박혀들었기 때문이다. 그래서 그는 곧 다음과 같이 외쳤다.

"죽음아, 네 가시가 어디 있느냐!"

그러자 하늘의 천사들이 나타나서 그를 예수 그리스도께 인도했다. 도저히 믿기지 않은 일이었지만 존 번연은 생생하게 체험했다. 드디어 그는 시련에서 벗어났다. 이제는 확실한 믿음 위에서 구원의 감격을 노래하며 기뻐하는 삶을 살게 되었다.

거리의 전도자

　　　　　　　　존 번연이 완전히 변화받고 거듭난
것은 1655년, 그의 나이 27세 때의 일이다.

　그가 놀라운 체험을 한 후, 엘스토 마을 사람들과 베드퍼드 교회
성도들 사이에서는 그의 변화가 화제가 되곤 했다.

　"존 번연이 완전히 다른 사람이 되었다면서?"

　"정말인지 몰라도 얼굴에서 환한 빛도 난다던데?"

　"어떻게 된 일인지 이야기해주면 좋을 텐데."

　존 번연은 아버지의 뒤를 이어 용접공 일을 하고 있었다. 당시 용
접공은 하찮은 직업인 데다 그의 신분이나 재산 역시 보잘것없었다.
즉 사람들의 입에 오르내릴 만한 사람이 아니었다. 그런 그가 영적
체험을 한 후에는 사람들 사이에 화젯거리가 되었다.

　어느 날 마을 사람들 몇 명이 그의 집을 방문했다. 소문으로만 들

었던 그의 모습을 직접 보고 싶었기 때문이었다.

"존, 자넨 요즘 너무나 많이 달라졌어. 뭐라고 할까, 갑자기 성자가 되었다고나 할까?"

"맞아. 어떤 변화가 있었는지 우리에게도 들려줘."

그는 약간 머뭇거리긴 했으나 사실 이런 일을 바라는 마음도 없지 않았다. 자기가 겪은 내적 변화의 감격과 기쁨은 혼자서 간직하기에는 너무도 벅찬 것이었기 때문이다. 존은 자세를 고쳐 앉은 후 입을 열기 시작했다.

"사실 난 그동안 말로 표현하기 어려운 체험을 해왔지."

"어떤 체험인데?"

"뭐라고 해야 할까, 죄악의 사슬을 완전히 끊고 예수 그리스도를 직접 만나보았다고나 할까? 어쨌든 나로선 엄청난 경험이었지."

이렇게 이야기를 시작한 존 번연은 선한 행위를 하기 위해 인간적으로 노력하던 일, 영적으로 고민하던 일부터 시작하여 마침내 내적 변화를 겪기까지의 과정을 찾아온 사람들에게 자세히 들려주었다. 즉 자신의 경험을 간증한 것이다.

그는 자신의 간증을 듣고 난 사람들의 반응을 이렇게 기록했다.

나는 단지 내가 경험한 것들을 사실 그대로 조용히 들려주었을 뿐이다. 그런데 나의 이야기를 다 듣고 난 사람들은 뜻밖에도 큰 감동과 위로를 받는 것 같았다. 아니 더 정확히 말하면, 그들은 내게서 일어난 그동안의 일들을 듣고 나서는 내 안에서 그런 놀라운 일을 행하신 하나님께 감사드렸다.

그 후로 그의 가게에는 먼저 그의 이야기를 듣고 간 사람들의 말을 전해듣고는 더 많은 사람들이 모여들었다. 더러는 땜질할 놋쇠 그릇들을 들고 오기도 했지만 대개 목적은 그의 신앙 체험을 듣는 것이었다.

존 번연이 자신 경험을 들려줄 때면 가장 크게 감동하는 사람은 바로 자기 자신이었다.

"여러분이 알다시피, 사실 나는 어렸을 때부터 망나니 중에서도 가장 한심한 망나니였습니다. 그런데 나는 주님을 단순히 믿는 일에만 그치지 않고 그분을 직접 만나기까지 했습니다. 물론 그 과정에서 많은 갈등과 번민과 죄책감에 시달리기도 했지만 말입니다."

존 번연의 이야기를 듣는 사람들은, 그가 고통스러웠던 지난날을 이야기할 때면 마치 자기가 고통을 당하는 것처럼 괴로운 표정을 지었고, 감격스러운 이야기를 할 때면 기쁜 표정으로 함께 기뻐했다. 존 번연의 이야기는 어떤 격식을 갖춘 것은 아니었지만 자신의 경험을 토대로 한 사실이었기에 더욱 큰 공감대를 형성했고, 사람들은 그의 이야기를 들으며 진지하게 간접 경험을 할 수 있었다.

그의 체험 이야기를 듣고 난 사람들은 또 다른 이에게 이렇게 전했다.

"그의 말에는 과장이나 꾸밈이 없어."

"그의 말 한 마디 한 마디는 사람들을 움직이는 놀라운 힘을 가지고 있더라고."

"사제들이 하는 말보다 더 감동적이었어."

존 번연의 간증을 들은 사람들은 그가 더 많은 사람들 앞에서 간증할 수 있는 기회를 만들어주기도 했다. 그의 간증 무대가 더욱 넓어진 것이다. 이런 일은 그 자신도 미처 생각지 못한 일이었다.

그러나 그는 사람들이 모인 곳이면 사양하지 않고 달려가서 예수 그리스도를 전파했다.

"존 번연은 설교의 재능을 타고 난 사람이야."

"우리의 마음에 큰 감동을 주는 이야기였어."

"그는 분명 하나님이 예비하신 위대한 전도자일 거야."

이런 일을 두고서 존 번연은 훗날 이렇게 말했다.

나는 지금도 나 자신을 부족한 사람이라고 여기고 있기 때문에, 하나님께서 나의 체험과 간증을 통해 다른 사람들의 마음을 그처럼 움직이실 줄은 상상도 하지 못하고 있었다. 그래서 나는 더욱 하나님께 감사하며 하나님의 일에 대한 확신을 가지게 되었다.

이렇게 하여 존 번연은 거리의 설교자로 나서게 되었다. 하루도 예수 그리스도에 대해 전하지 않으면 마음이 답답해 견딜 수 없었고, 자신에게 그런 사명을 주셨다는 생각이 그를 강하게 지배했다.

하지만 그가 길거리에 나서서 신앙 체험을 증거하는 일이 그리 당당한 일은 아니었다. 당시만 해도 평신도가 사람들 앞에서 설교를 하는 것은 국교법에 위배되는 일이었기 때문이었다.

존 번연은 이 문제 때문에 베드퍼드 교회의 존 기포드 목사를 찾아갔다.

"요즘도 신앙 간증을 하고 있습니까?"

먼저 존 기포드 목사가 물었다.

"예, 많은 사람들이 계속해서 간증을 요청해옵니다."

그는 현재 자신의 상황을 또박또박 말했다.

"맨 처음 가게로 찾아온 몇 사람에게 나의 체험을 이야기하는 것은 큰 문제가 없었습니다. 그러다가 여러 사람들 앞에서 간증하게 되었을 때는 평신도인 내가 이런 일을 해도 되는가 싶어서 약간 떨리기도 했지요. 그런데 많은 사람들이 나의 신앙 체험을 듣고 큰 용기와 위로를 얻고 기뻐하는 것을 보면서 저 자신이 오히려 더 큰 위로와 용기를 얻게 되었습니다. 그런데 목사님, 이런 일이 과연 하나님 앞에서 합당할까요?"

존 기포드 목사는 웃으며 대답했다.

"합당한 일이냐고요? 당연하지요. 하나님께서는 존 번연 씨의 일을 아주 기뻐하실 겁니다. 하나님의 이름을 높이고 그분을 올바로 증거하는데, 그게 왜 잘못된 일입니까?"

존 기포드 목사는 말을 이었다.

"사실 나도 번연 씨가 체험한 이야기를 나누고 있다는 것을 개인적으로 들어서 알고 있습니다. 한편으로 매우 감격했지만, 또 한편으로는 걱정되기도 했습니다. 우리 영국 사회는 평신도가 거리에서 전도하는 일을 환영하지 않기 때문이에요. 하지만 사실 예수님도 평신도의 신분으로서 거리 전도에 나선 것이 아닙니까?"

"목사님의 말씀을 듣고 나니까 더욱 용기가 납니다. 오늘 목사님을 찾은 것은 제가 계속해서 이런 거리 전도를 해도 되는지 묻기 위해서였습니다."

"조금도 염려하지 말고 계속하십시오. 나는 번연 씨를 위해 그동안 금식하면서 기도하고 있었습니다."

"목사님… 정말 감사합니다."

"아닙니다. 오히려 제가 감사하지요. 번연 씨가 하나님나라를 넓히고 있으니까요. 더욱 힘내십시오."

"알겠습니다."

존 기포드 목사가 자기를 위하여 금식기도까지 했다는 것은 정말 감격스러운 일이었다. 그만큼 기포드 목사는 존의 변화를 기뻐하고 있었다.

존 번연의 변화에 누구보다도 기뻐하고 감격한 사람은 그의 아내였다. 그가 신앙생활을 시작하게 된 것도 아내 때문이었고, 그동안 그가 수많은 갈등과 번민 속에서도 자신의 신앙을 잃지 않고 잘 버텨온 것도 아내의 내조 덕분이었다.

"여보, 저는 용접공의 아내였는데 이제는 전도자의 아내가 되었어요."

"사실 나 자신도 그동안의 변화에 대해 생각하면 믿을 수 없을 정도라오. 하나님께서 어떻게 내게 이런 큰일을 맡겨주셨는지 모르겠소."

"하나님께서 그동안 당신에게 왜 그리 어려운 시련과 내적 고통을 주셨는지 이제는 알 것 같아요. 하나님이 이렇게 당신을 쓰시기 위해 그런 시간을 주신 것이 분명해요."

"정말 그런 것 같아. 그동안 당신이 고생 많았어요. 나를 위해 기도

하고 인내하며 기다려주었기 때문에 오늘의 내가 있는 것 아니겠소."

"별말씀을요. 전 제가 할 일을 했을 뿐이에요. 당신은 설교의 재능을 타고난 것이 분명해요. 많은 사람들이 당신의 신앙 체험을 듣고 감동하는 모습을 보면 정말 얼마나 기쁜지 몰라요."

존 번연이 처음으로 사람들 앞에 전도자로 나서게 되었을 때, 그는 쑥스러움과 어색함 그리고 자신이 부족하다는 생각 때문에 선뜻 용기가 나지 않아 무척 머뭇거렸다. 그러나 주변 사람들의 관심과 존 기포드 목사의 격려의 말이 그에게 큰 용기를 주었다.

그리고 그는 존 폭스가 쓴《순교사》를 읽으면서 자신이 하는 일에 확신을 얻었다. 이 책은 박해 시대에 평신도들이 복음을 증거하다가 설교자가 되었고, 순교의 자리까지 올랐다는 내용이 담겨 있다. 처음에는 라틴어로 출판되었다가 1563년에 내용이 보강되어 영어판으로 나와 사람들에게 널리 읽혔는데 존 번연 역시 이 책의 애독자였다.

하지만 그가 복음을 전하기로 결심한 가장 큰 계기는 성경 말씀이었다. 그는 성경을 읽다가 확신을 얻었다. 그 성경 구절을 쉬운 말로 옮기면 다음과 같다.

"내가 다른 사람들에게는 사도가 아닐지라도 여러분에게는 사도입니다. 여러분이 주 안에서 생활하는 그것이 곧 내가 여러분의 사도라는 확실한 표가 되기 때문입니다."

"나 때문에 아픈 마음을 가진 그 사람 외에 누가 나를 기쁘게 해주겠습니까?"

"망하게 된 자도 나를 위하여 복을 빌었으며, 과부의 마음이 나로 말미암아 기뻐 노래했습니다."

"형제들이여, 여러분에게 권합니다. 여러분이 아는 바와 같이 스데바나의 가정은 아가야에서의 첫 열매이며, 성도들을 섬기는 일에 몸을 바친 가정입니다. 그러므로 여러분은 이런 사람들과, 또 그들과 함께 일하고 함께 수고하는 사람들에게 잘 순종하십시오."

"각자가 받은 은총의 선물이 무엇이든지, 그것을 가지고 서로 남을 위해서 봉사하십시오. 그리하여 하나님께서 주신 갖가지 은총을 잘 관리하는 사람이 되십시오."

그 밖에 로마서 12장 6절 말씀과 사도행전 8장 4절 말씀도 그에게 큰 용기를 주었다. 존 번연은 성경 말씀들을 읽고 나서 생각했다.

'하나님께서는 성령의 은사를 받은 자가 그것을 땅속에 묻어두는 일을 원하지 않으신다. 하나님이 주신 은사를 잘 활용하여 주님을 위해 쓴다면 그것보다 더 훌륭한 삶은 없을 거야. 예수께서 들려주신 달란트 비유는 그것을 강조하신 말씀이 아닌가! 그래, 하나님께서 내게 주신 것들을 잘 사용하여 복음을 전한다면 이보다 귀중한 일이 어디 있겠는가!'

날이 갈수록 존 번연의 간증을 들으려는 사람이 늘어났고, 그들의 반응 또한 놀라웠다. 그 자신도 사람들이 자신의 간증을 듣고 감동하며 변화되어가는 모습을 보면서 더욱 깊은 사명감을 가지게 되었다. 이젠 단순한 간증 집회가 아닌 부흥 집회가 되어가는 듯했다. 그가 전하는 내용도 개인 체험에서 벗어나 성경을 근거로 한 말씀으로 차츰 바뀌어갔다. 이런 변화는 그동안 그가 성경을 읽고 연구하는 데 얼마나 큰 열심을 내었는가를 알 수 있는 일이기도 했다.

존 번연 자신은 자기의 간증 집회 때 전하는 메시지를 '설교'라고 말하지 않았다. 단지 '체험 이야기'라고만 이를 뿐이었다. 그의 마음은 설교와 집회에 대한 확신과 자유를 가지고 있었지만, 당시 교회법은 여전히 평신도의 설교를 금지하고 있었기 때문이다.

사람들이 많이 모여들수록 존 번연의 마음은 더욱 뜨거워졌다.

"사랑하는 형제 여러분, 우리는 성령으로 거듭나고 변화를 받아야 합니다. 그것은 특별한 사람에게만 해당되는 것은 아닙니다. 우리 모두 거듭나야 합니다. 저는 오랜 진통을 겪은 후에야 비로소 성령을 통하여 다시 태어났지만, 여러분은 지금 즉시 자신의 죄를 회개하고 예수 그리스도의 십자가의 죽음을 믿음으로 죄에서 그리고 영원한 멸망에서 구원을 얻을 수 있습니다. 오늘 이곳에 모인 분들 모두 아무런 변화도 받지 못한 채 그대로 돌아가는 일이 없기를 바랍니다.

예수 그리스도께서 우리에게 자유를 주셨습니다. 이 자유는 진리이신 예수 그리스도께서 십자가에 못 박혀 돌아가심으로 그 대가를 치르고 우리에게 주신 것입니다. 그러므로 우리가 예수 그리스도를 구세주로 믿으면 그동안 우리를 얽매고 있던 죄악의 쇠사슬을 다 끊을 수 있고, 우리를 가장 두렵게 하는 죽음에서도 해방될 수 있습니다. 여러분, 지금 이 자리에서 예수 그리스도를 영접함으로 여러분의 모든 죄악을 깨끗이 해결을 받으시기 바랍니다. 예수 그리스도의 피는 우리를 깨끗하게 합니다. 그 피만이 하나님과 우리의 관계를 회복시킬 수 있습니다."

존 번연의 뜨거운 설교는 듣는 이들에게 큰 도전과 깨달음을 주었다. 청중들은 가슴을 치면서 부르짖었다.

"오, 주여!"

"나를 변화시켜주소서."

"거듭나기를 원합니다."

"내게도 자유를 주소서."

"죄의 결박을 풀어주소서."

"죽음에서 나를 구하소서."

"주여, 나를 불쌍히 여기소서."

설교가 끝나면 사람들은 그에게 몰려들어 그의 설교를 칭찬하기도 하고, 고맙다는 말을 하기도 했다.

"나는 오늘 비로소 새롭게 눈을 떴습니다."

"하나님께서 당신을 통해 내 마음을 움직이셨습니다."

"당신은 정말 하나님의 사람입니다."

이런 일들을 겪으면서 존 번연은 하나님께서 자기를 전도자로 쓰고 계신다는 생각을 더욱 확신했다. 물론 번연은 자기 자신이 얼마나 부족하고 연약한 존재인가를 알기에 더욱 두려운 마음이 들었고, 앞으로의 일들에 대해 긴장이 되었다.

복음의 황제

존 번연이 사람들 앞에서 말씀을 전할 때면 특별히 신경 쓰는 일이 있었다. 죄에 대한 것이었는데, 먼저 죄인에 대해 기록된 말씀을 들려주어서 사람들이 자기의 죄를 깨닫도록 했다. 그러고는 예수 그리스도를 통해서만 용서의 은혜를 받을 수 있음을 반드시 확인시켜주었다.

그가 죄에 대한 문제와 해결의 길에 각별히 마음을 쏟았던 것은 그만큼 절실한 과제였기 때문이다. 성도에게는 죄의 자각과 회개보다 우선되어야 할 문제가 없음에도 불구하고 존 자신이 얼마나 오랫동안 방황과 갈등 속에서 신앙생활을 했는가! 그는 그 고통과 고민을 직접 체험했기 때문에 죄에 대한 이야기를 더욱 조심스럽게 다루었다.

'저 사람들에게 자신의 죄를 깨우쳐주지 못하고 해결의 길을 보여주지 않으면 나의 수고는 헛된 것이다. 집을 짓는 자가 기초를 튼튼히 하지 않고 아무렇게나 집을 짓는다면, 그 집이 아무리 훌륭하게 지어졌더라도 순식간에 무너지고 말 테니까.'

또한 그는 사람들 앞에 나설 때마다 마음가짐과 태도를 새롭게 했다. 훗날 그의 고백 속에 그가 어떤 태도를 가졌었는지 잘 드러나 있다.

나는 청중이 많든 적든 상관없이, 그들 앞에 나설 때면 설교자로서 서는 것이 아니라 실제로 죽은 자들 가운데 파견된 사람 같은 몸가짐을 가지고 서려고 노력했다. 사실 나는 죄의 족쇄를 찼던 사람으로서 나처럼 족쇄에 매여 있는 사람들을 향해 설교했다.

나는 설교하러 나설 때마다 마치 용서받지 못한 죄인처럼 커다란 죄책감과 공포심을 느끼면서 강단 위에 올라서곤 했다. 그러나 그런 감정은 설교하는 동안에 말끔히 씻어지고, 강단에서 내려설 때는 그렇게 마음이 자유로울 수가 없었다. 그것은 하나님께서 순간순간 인도하시는 최선의 방법이셨다.

존 번연은 죄와 그 무서운 결과를 강조하며 2년 동안이나 계속 간증을 했다. 그러다가 그는 설교의 패턴을 바꾸어 예수 그리스도의 은혜가 얼마나 소중한 것인가를 강조하기 시작했다.

그 자신이 죄의 고통과 참혹함을 실제로 경험했고, 그 죄를 사해 주시는 주님의 은혜가 얼마나 뜨겁고 큰지도 경험했다. 그렇기 때문에 하나님의 은혜를 강조하는 설교 역시 죄를 강조하는 일만큼 중요하게 생각했다.

"사랑하는 여러분! 우리가 날마다 짓는 죄가 얼마나 두려운 것인지 분명하게 깨달아야 하지만, 그보다 더 절실하게 깨달아야 할 것이 있습니다. 주님께서 그런 죄를 사하시고 우리를 구해주시기 위하여 십자가 위에서 피 흘려 죽으신 은혜입니다.

우리의 죄 때문에 예수님은 십자가에 매달려 죽으셨습니다. 우리 대신 죗값을 치르신 것입니다. 이 얼마나 놀라운 은혜입니까! 이 세상의 그 누가 우리의 잘못과 죄를 대신하여 자기 생명을 바치겠습니까! 우리가 그 큰 사랑과 은혜의 확신에 거하면 우리는 죄에 대해 자유로워지며 하나님 앞에서 담대해질 수도 있습니다.

나는 이런 놀라운 은혜를 직접 체험했기 때문에 지금도 자신 있게 말할 수 있습니다. 아무리 큰 죄인이라도 진실로 회개하기만 하면, 주님께서는 그를 용서하고 구원해주십니다. 위대한 전도자인 사도 바울 역시 죄가 많은 곳에 더욱 은혜가 넘쳤다고 증언했습니다. 여러분도 오늘 이곳에서 하나님의 큰 은혜를 꼭 체험하시기를 바랍니다."

그가 체험에서 나오는 확신과 마음속에 일어나는 감동으로 설교를 할 때면, 사람들은 어느새 눈물을 흘리며 회개하고 있었다. 그리고 구원의 감격으로 손을 높이 들고 하나님께 감사하는 이들도 있었다.

누군가 존 번연에게 물었다.

"감동적인 간증의 비결이 무엇입니까?"

"나는 지금까지 일부러 감동적인 말을 하려고 한 적이 한 번도 없습니다. 단지 많은 사람들 앞에 나설 때마다 하나님께 간절히 기도

하지요. 나의 부족한 입술을 통해 불쌍한 영혼들이 구원을 받을 수 있도록 말씀에 힘을 허락해달라고 말입니다. 또 나의 간증을 들은 여러 사람들의 마음에 구원의 확신과 하나님에 대한 뜨거운 열정이 일어나도록 해달라고도 기도합니다."

"기도가 비결이란 말인가요?"

"글쎄요. 비결이라는 말은 간증에 어울리는 말이 아닌 것 같군요. 나는 말씀을 전할 때마다 진정 회개하지 못한 자가 받을 지옥의 저주가 얼마나 고통스러운 것인가를 듣는 이들이 깨닫기를 바라고, 예수 그리스도를 통하여 나타난 하나님의 사랑과 은혜가 얼마나 위대하며 놀라운 일인가를 느끼기를 바랍니다. 이런 간절한 마음이 앞서지 않는다면 말 몇 마디로 사람들의 영혼을 울리는 메시지를 전할 수는 없을 것입니다."

번연에게 질문을 한 사람은 그의 대답을 듣는다기보다 또 하나의 간증을 듣는 것 같았다. 그는 아무런 대답도 하지 못한 채 존 번연의 말을 듣고 있을 뿐이었다.

"저는 어떤 방법을 쓰든지 많은 사람들에게 복음을 전하고 싶고, 구원의 확신을 갖게 해주고 싶습니다. 그것만이 제가 살아 있는 이유요, 또 하나님이 제게 주신 사명이지요."

존 번연은 깊은 숨을 들이쉰 후에 말을 이어나갔다.

"나는 많은 사람들 앞에서 구원의 진리에 대해 이야기할 때나, 믿는 자에게는 아무런 조건 없이 예수 그리스도께서 생명의 은혜를 넘치도록 채워주신다는 진리를 말할 때 하나님께서 나의 일을 기뻐하신다는 것을 느낀답니다. 그런데 어찌 제가 이 일을 소홀히 생각할 수가 있겠습니까."

존 번연은 평신도로서 설교자의 자리에 서 있을 때의 솔직한 심정을 훗날 이렇게 들려주었다.

내가 사람들 앞에 나설 때면 하늘로부터 신령한 힘이 내려와 나를 완전히 사로잡는 것을 느낄 수가 있었고, 나의 말 한 마디 한 마디에는 힘이 있는 걸 느낄 수 있다. 그럴 때 나의 말이 사람들의 마음과 양심에 깊이 새겨지고 그것을 통해 하나님께서 역사하셨다.

한 평신도가 예수 그리스도를 체험하고 나서 자연스럽게 그 체험을 간증하기 시작하여 이처럼 수많은 사람들을 구원하는 놀라운 결실을 가져온 것은 이제까지 영국 사회 안에서 일어나지 않았던 일이었다. 그러기에 사람들은 존 번연의 활동이 하나님의 시대적인 사역임이 분명했다고 말했다.

～

그렇다고 해서 존 번연의 사역이 순탄하기만 한 것은 결코 아니었다. 그의 집회가 커지자 예상하지 못했던 장애물들이 여기저기에서 불쑥불쑥 생겨나기 시작했다.

존 번연이 외부에 간증 집회를 다니던 초창기의 일이다. 그가 어느 지방에 갔을 때 그 지방의 성직자와 신학자 몇 사람이 정면으로 존의 집회를 반대하고 나섰다.

"당신은 누구요?"

"저는 존 번연이라고 합니다."

"지금 이름을 묻고 있는 게 아니오. 누가 어디서 보낸 설교자인지 묻는 거요."

"아, 예, 저는 예수 그리스도의 보내심을 받고서 왔습니다."

"뭐, 예수 그리스도의 보내심을 받았다고?"

"그렇습니다."

"그러니까 당신은 주님이 보낸 설교자라 그 말이오?"

"설교자는 아닙니다."

"그렇다면 왜 당신은 가는 곳마다 설교를 하는 거요?"

그들은 빈정대는 표정으로 물었다. 꼬투리를 잡으려는 심산이었다.

"저는 지금까지 한 번도 설교를 해본 적이 없습니다."

"그럼 오늘 당신이 사람들을 모아놓고 이야기한 것이 성경이 아니면 도대체 뭐요?"

"내 말이 설교처럼 들렸을지 모르지만, 저는 설교라 생각하고 사람들에게 말한 적은 없습니다. 저는 단지 나의 죄를 용서하시고 나를 위해 십자가의 큰 고통을 감당하신 주님의 놀라우신 은혜와 사랑을 간증할 뿐입니다."

존 번연의 간증은 분명히 설교 형식을 갖추고 있었다. 그러나 그는 자기가 설교했다는 말을 부인했다. 그는 자신의 경험에 대해서 좀 더 체계적으로 성경에 근거해서 전할 뿐이라고 생각했기 때문이다.

그는 그의 이야기에 교회에서 논쟁이 될 만한 것이 없을 뿐 아니라 순수한 복음만 전한다고 생각했고, 자기 스스로도 부인할 수 없는 경험을 토대로 하고 있다고 생각했기 때문에 교회와 교회 밖에서도 아무런 거리낌 없이 당당했다.

존 번연은 이 점에 대해 분명하게 말했다.

> 나는 삶을 통해 깨우쳐 알게 된 가장 확실하고 분명한 말씀과 예수 그리스도의 영을 통해 배운 바 가장 건전하고 양심적인 것만 말했다. 그리고 나는 끝까지 그 한 가지 일만 했으며, 다른 부끄러운 일은 한 번도 한 적이 없었다.

그는 또 다음과 같은 말을 하기도 했다.

> 사도 바울도 자기가 전한 복음은 사람에게서 받은 것이 아니요 사람에게서 배운 것도 아니며, 어디까지나 예수 그리스도께서 자기에게 계시를 통해 직접 알려주신 것뿐이라고 갈라디아서 1장 11절과 12절에서 말하지 않았던가. 그렇다면 나 역시도 내가 그리스도를 깨닫고 경험한 이야기를 남에게 들려줄 수 있지 않겠는가.

존 번연이 교회 지도자들과 충돌했던 일은 먼 옛날 예수께서 바리새파 유대교 지도자들과 충돌했던 일과 유사했다. 그리고 훗날 끝내는 그들의 손에 붙잡혀 옥고를 치른 그의 삶 역시 그리스도의 고난의 삶과 비슷했다.

그러나 이때까지만 해도 충돌이 커지지 않았고, 단순히 말다툼하거나 언성을 높이는 정도에서 그쳤다. 교회 지도자들의 조직적인 방해가 시작되지는 않았기 때문이다.

하지만 존 번연은 그런 충돌을 한차례 겪은 후 다시 한 번 자신의 일을 깊이 돌아보았다. 자신의 사역에 대한 확신이 필요했다. 그의 사역이 영혼을 구원하고 싶은 간절한 열망과 사명감에 의한 것인지, 아니면 자기 만족에 의한 것인지 확인하는 일이 필요했다.

이런 자기의 상황을 그는 훗날 다음과 같이 들려주었다.

나는 나의 설교를 듣고 나서 크게 변화된 사람들이 오래 지나지 않아 다시 원래의 상태로 돌아가고 말았다는 말을 여러 차례 들었다. 사실 그런 일은 내가 이미 체험해본 것들이기 때문에 더욱 안타까운 마음이 들었고, 마치 나의 자녀가 영원한 멸망의 세계로 들어간 것 같은 기분이었다. 그것은 내가 경험한 두려움과 슬픔 이상으로 나에게 가슴 아픈 일이었다.

그러나 반대로 나의 설교를 듣고 은혜로운 신앙생활을 계속하고 있는 사람들에 대한 이야기를 전해들을 때면 그처럼 감격스럽고 기쁜 일이 없었다. 그들은 내가 낳은 자식과 마찬가지였기 때문이다.

나는 하나님께서 나의 일에 대한 사명을 직접 주신 것이라고 확신하고 있었고, 기도할 때마다 나의 가슴은 사명감에 대한 뜨거운 마음으로 불타올랐다. 하나님의 복음을 전하는 일꾼으로 부르심을 받았다는 사실이 순간순간 전율이 느껴질 정도로 감격스러웠다.

존 번연은 자신의 사명에 대한 확신을 심어주는 말씀들을 성경에서 찾았다.

"아, 저 죄인을 그릇된 길에서 돌아서게 한 사람은 그 영혼을 죽음에서 구원할 것이요, 또 많은 죄를 덮어줄 것입니다."

"의인이 받는 열매는 생명나무이며, 지혜로운 자는 사람을 얻게 됩니다."

"지혜 있는 자는 하늘의 빛과 같이 빛날 것이요, 많은 사람을 옳은 곳으로 돌아오게 한 사람은 별과 같이 영원히 비칠 것입니다."

"우리 주 예수 그리스도께서 다시 오실 때 그 앞에서 우리의 희망과 기쁨이 되고 자랑의 면류관이 될 자가 누구이겠습니까? 여러분이 아니겠습니까? 여러분은 우리의 영광이요 기쁨입니다."

존 번연이 성경을 통해 자신의 사역이 거룩한 사역이며 하나님께서 기뻐하신다는 확신을 얻은 것 역시 하나님의 인도하심이었다. 그가 실행해야 할 어떤 임무가 생기면 우선 하나님께서 그의 마음을 움직여서 기도하게 하셨고, 그 일들을 준비하게 하셨다.

예를 들어 어디에 살고 있는 누구의 일이 마음에 걸리면, 그는 즉시 기도하는 마음으로 그곳으로 달려갔다. 그러면 곧 그곳에서 영혼 구원에 대한 열매가 맺혔고, 어려움을 당한 이들은 기도와 말씀으로 위로를 받아 용기와 힘을 얻어 주님 품으로 다시 돌아오곤 했다.

그가 하는 모든 일이 하나님의 손에 달려 있음을 그는 날마다 느끼고 경험했다. 그가 말을 조리있게 하지 못해 복음이 잘 전해지지 않았다고 생각할 때 오히려 최대의 결신자가 생겼고, 반대로 자기 말에 자신감을 가졌을 때는 오히려 아무런 수확이 없었다.

이런 일들을 통해 존 번연은 일을 하시는 분은 하나님이시며 자신은 한낱 도구에 불과하다는 것을 깨달았다. 그는 더욱 겸손한 마음으로 하나님의 일을 할 수 있었다.

국교회의 중상모략

　　　　　　　　　　존 번연이 계속해서 사역을
해나가자 국교도의 비난과 반대도 조금씩 강해졌다. 그러나 그렇다
하더라도 그에게 있어 가장 큰 장애물은 여전히 자기 자신이었다.
그가 큰 확신과 사명감을 가지고 열심으로 하나님을 증거하고 자신
의 간증을 전했지만, 순간순간 부딪쳐오는 자신에 대한 한계와 무덤
덤한 청중의 반응 때문에 실망하기도 했다.

　이것은 분명히 사탄의 공격이었다. 존 번연은 그런 마음이 사탄
의 꾐에 불과하다는 것을 알면서도 금세 떨쳐낼 수가 없었다. 그가
그리스도의 영으로 충만한 상태를 회복하기까지 영적 싸움은 계속
됐다.

　그러다보니 그는 말문도 막히고 아무런 말도 머릿속에 떠오르지
않았다. 익숙했던 경험 이야기도 미리 준비해둔 말도 생각나지 않았

다. 이런 상황이 존 번연에게 절망감을 가져다주었고 자신감을 잃게 했다. 하지만 이런 어려운 과정을 통해 하나님은 그를 더욱 연단하셨고 강건한 믿음을 갖게 하셨다.

존 번연이 복음을 전하려고 강단 위에 올라서면, 때로는 사탄이 먼저 그 자리에 와서 빈정거리기도 했다.

'지금 그걸 설교라고 하는 거야? 제발 그만둬. 그런 말은 너 자신을 정죄하는 것밖에 안 돼. 너도 지금까지 그런 죄를 지어 왔잖아. 그리고 앞으로 네가 그런 죄를 얼마나 더 저지를지 모르잖아?'

마귀의 속삭임이 들릴 때면 존 번연은 더욱 기도했다.

'주님, 지금 저로 하여금 이런 사탄의 음성에 귀 기울이지 않게 하소서. 연약한 제게 힘을 주소서.'

간절하게 하나님을 찾으면 찾을수록 자신 안에 역사하는 사탄의 세력도 더욱 강해지는 것 같았다.

'그런 설교 따위는 일찌감치 그만두는 게 좋을 거야. 꼭 하고 싶다면 적당히 얼버무려 네가 도망칠 뒷문을 먼저 열어놓는 게 좋을 걸. 그렇지 않으면 네가 남의 눈을 뜨게 만들기는커녕 도리어 네 말이 가시가 되어 네 영혼을 상처내고 말 테니까. 그런 가시에 한번 찔리고 나면 그 상처는 회복하기가 어렵거든.'

사탄의 야유는 참아내기가 힘들었다. 사탄은 설교의 기력을 완전히 꺾어놓기 일쑤였다.

그러나 그런 시험이 여러 차례 있었지만 존 번연이 사탄의 속임수에 넘어가서 설교를 포기하거나 강단에서 내려온 적은 한 번도 없었다. 영적 싸움에서 밀린 적이 없다는 뜻이다.

이런 시험이 닥칠 때면 그는 이스라엘의 사사 가운데 하나였던 삼손의 마지막 기도에서 큰 힘을 얻었다.

"하나님! 당신의 종 삼손은 한 여자의 꾐에 빠져 적들의 손에 붙잡혀서 두 눈까지 빼앗기는 등 말로 표현할 수 없는 수모와 고통을 당했지만, 죽음 직전 최후의 기도로 하나님께서 다시 한 번 힘을 주셨습니다. 제게도 그와 같은 힘을 주소서. 삼손이 마지막으로 기도했을 때 하나님께서 다시 능력을 주셔서 우상의 신전을 무너뜨리고 3천 명의 적들을 죽이면서 자신도 장렬한 최후를 마쳤듯이 간절히 원하옵나니, 지금 제게도 그처럼 강한 힘을 주시고 사탄의 궤계를 물리치게 해주소서."

그리고 존 번연은 이런 생각을 하기도 했다.

'내가 도망칠 구멍을 만들어놓기 위해 하나님의 말씀을 대충 얼버무리기보다, 그 말씀이 나를 심판한다 하더라도 나는 그 말씀을 사람들에게 바르게 들려주어야 한다. 불의는 반드시 들춰내어 만인 앞에 공개해야 하기 때문이다.'

한편 존 번연이 설교를 마치고 강단 위에서 내려올 때면 종종 자기도 모르고 우쭐거리는 마음이 들기도 했다. 교만한 생각도 사탄이 부드럽고 온화하게 속삭이며 그에게 주는 생각이었다.

'됐어. 오늘 설교는 정말 대단했어. 청중이 얼마나 크게 감동했는지 몰라. 생각만 해도 가슴 벅찬 광경이었어. 내가 이 정도의 사람이 되었다니, 참으로 놀라워!'

그것은 분명 겸손하지 못하고 교만한 모습이었다. 청중에게 감동을 주는 것은 그가 한 것이 아니다. 하나님이 은혜를 주셨기에 가능

124

한 일이었다.

순간 이런 생각이 들면 존 번연은 곧 자기를 향하여 무섭게 채찍질을 했다.

'존 번연, 세상에 너처럼 추악하고 더러운 본성을 가지고 있는 사람을 없다는 사실을 벌써 잊었니? 네 설교를 통해 많은 사람들이 감동하면서 구원을 받게 되더라도, 그것은 하나님께서 손수 하신 일이지 네 스스로 한 일은 아니야. 너는 단지 하나님의 말씀을 대신 전하는 도구에 불과해!'

존 번연은 순간순간 다가오는 시험을 성령의 힘으로 물리치며 늘 영적인 싸움을 해야 했다. 조금도 방심할 수 없었고, 하나님 앞에 더욱 긴장된 마음으로 항상 말씀과 기도로 무장해야만 했다. 이런 과정을 통해 존 번연은 때로 절망하기도 하고 허탈감에 빠지기도 했지만, 그는 점점 그리스도의 말씀 가운데 강건하게 세워지면서 평안과 기쁨로 늘 충만해졌다.

어느 날, 그는 사도 바울이 기록한 말씀을 읽게 되었다.

내가 사람의 방언과 천사의 말을 할지라도 사랑이 없으면 소리 나는 구리와 울리는 꽹과리가 되고 고전 13:1

이 말씀을 읽은 후 그의 내면에서 그는 조용히 주님과 대화를 나누게 되었다. 이 말씀에서 얻은 감동이 그만큼 컸기 때문이었다.

'나의 종, 존 번연!'

'주님, 말씀하소서.'

'이 말씀을 읽고 난 느낌을 말해보아라.'

'우선 두렵고 떨리는 심정입니다. 만약 제게 사랑이 없다면 제 말이 아무리 우렁차더라도 사람들 앞에서 요란한 꽹과리 소리일 뿐이니까요.'

'그렇단다. 영혼 구원은 인간의 말재주에 달려 있는 것이 아니라 말을 전하는 사람의 은혜의 힘에 달려 있기 때문이다. 알고 보면 사랑이 곧 은혜요, 은혜가 곧 사랑 아니겠느냐.'

'주님, 그렇습니다. 제게 그런 은혜가 없었다면 저는 어떤 사람이 되었을까요? 얼마나 두려운 일인지 모릅니다.'

'하지만 조금도 염려하지 마라. 중요한 것은 과거의 일이 아니라 현재와 미래이다.'

'주님, 그런 말씀만 들어도 제게 큰 위로가 됩니다.'

이런 주님과의 대화가 있은 후에 존 번연은 진리를 깨달았다.

'꽹과리가 솜씨 좋은 연주자를 만나면 신명나게 울려 누구라도 춤을 추지 않고는 배겨낼 수 없는 훌륭한 소리를 낸다. 하지만 보통 사람이 꽹과리를 친다면 아무 의미도 없는 시끄러운 소음이 될 뿐이다. 그 꽹과리가 하나님 앞에서 예배를 드리는 다윗의 손에 들려진다면 그것은 곧 하나님을 예배하는 아주 훌륭한 악기가 될 것이다. 이때 울려나는 꽹과리 소리는 하나님을 찬양하는 음악이 되지 않겠는가. 내가 이제까지 많은 사람들에게 들려준 말의 가치도 바로 거기에 있다. 이제 염려하지 않고 오직 성경에 의지하여 주님의 일을 할 것이다. 꽹과리가 아무런 의미없이 큰소리만 낸다면 소용이 없지만 하나님의 복음을 전하고 예배하는 소리라면 그 어떤 소리보다 아

름다운 소리이기 때문이다.'

이런 깨달음으로 자신의 사명에 대한 확신을 가지게 되자 존 번연은 얼마나 기뻤는지 모른다.

"주님, 감사합니다. 그저 감사할 뿐입니다. 이제부터는 제 목소리가 하나님을 위해 사용되도록 더욱 힘쓰겠습니다."

아무리 훌륭한 재능을 가지고 태어났더라도 그것 자체로는 꽹과리에 불과하다. 그리고 때로는 위험을 동반하기도 한다. 재능 자체가 위험한 것은 아니지만 그것이 사람에게 교만과 허영심과 자기 기만 등을 가져다주기 쉽기 때문이다. 그렇기 때문에 자신이 가진 재능을 하나님께로부터 받은 달란트로 알고 겸손하게 하나님께 바치지 않으면 안 된다. 곧 하나님을 위해 사용해야 한다는 것이다. 존 번연은 이런 사실을 분명히 깨닫고 있었다.

~

존 번연이 영적인 상태를 회복하고 새로운 마음으로 주님의 일을 하면 할수록 사탄의 방해도 그만큼 커졌다. 그즈음 한동안 잠잠히 있던 그의 반대자들이 온갖 모함과 욕설과 비난으로 그의 사역을 방해하기 시작했다.

사탄의 끊임없는 방해와 유혹으로 많은 시련을 겪어 어느 정도 훈련되고 단련된 그였지만, 중상모략하는 사람들 앞에서는 그도 위기감을 느끼지 않을 수 없었다. 그들의 목적은 존의 전도 활동을 중단시키는 것이었다.

어느 날부터인지 사람들 사이에서 이상한 소문이 나돌기 시작했다.

"존 번연은 마법사 제수이트이며 강도이다."

"존 번연은 아내가 둘인데, 그것도 모자라 몰래 창녀를 데리고 산다."

"그는 사생아까지 있는 파렴치한 위선자이다."

'제수이트'란 예수회에 속한 수도사를 가리키는 말인데, 스페인과의 전쟁 당시에 그들이 영국에서 스파이 활동을 했기 때문에 그 뒤로 제수이트는 '첩자들'을 일컫는 말이 되었다. 그들이 존 번연을 가리켜 '마법사 제수이트 강도'라고 한 것은 가장 흉악한 영적 반역자라는 의미였다. 그들은 존 번연을 영적으로 모함했을 뿐 아니라 일상생활에서도 그를 파렴치한으로 몰아갔다.

존 번연은 그런 소문들을 듣고 나서 얼마나 충격이 컸던지, 그때의 충격을 훗날 이렇게 말했다.

그런 모든 소문들은 억울한 누명이었다. 오직 하나님께서 내 생활의 증인이 되셨다. 그때 나는 인간적인 감정이 앞서 나를 모함했던 자들이 언젠가는 하나님께로부터 무서운 심판을 받기만 바랐다. 하나님께서는 그런 자들까지도 회개하고 돌아오길 바라신다는 생각은 아예 뒷전으로 밀어놓았다.

그러나 그런 충격은 오래가지 않았다. 주님의 말씀을 읽으면서 큰 위로를 받고 자신의 마음도 가라앉힐 수 있었다.

"나를 위하여 모욕을 당하고 박해를 받고 터무니없는 말로 갖은 비난을 들으면 너희가 복이 있다. 기뻐하고 즐거워하라. 너희가 하늘에서 받을 상이 크다. 너희보다 먼저 온 예언자들도 이와 같이 박해를 받았다."

존을 비난하는 말들이 무섭게 나돌고 있던 어느 날, 그의 아내가 몹시 걱정스러운 얼굴로 물었다.

"여보, 이를 어쩌면 좋지요?"

"조금도 염려할 것 없어요. 이 고비를 잘 견뎌내면 이 일은 오히려 나에게 영광스러운 일이 될 거요. 그런 소문들은 말 그대로 소문일 뿐 모두 거짓말이니까. 만약 세상 사람들에게서 그런 핍박을 당하지 않는다면 내가 하나님의 아들이요 일꾼이라는 증표를 어디서 찾아낼 수 있겠소."

"그렇지만 너무나 터무니없는 소문이 나돌고 있잖아요"

"내 양심이 떳떳하니 괜찮소. 그러면 나를 악하다고 저주했던 그 저주가 결국 자기들에게로 돌아가고 말 테니…. 생각해봐요, 그들이 나를 비난한다고 해서 그리스도 안에서 선한 내가 하루 아침에 악인이 되겠소? 그러니 이런 일로 조금도 염려하지 마시오."

이렇게 존 번연은 조용히 참고 지내면 소문이 지나갈 것이라고 생각했다. 그런데 그를 모함하는 말들이 사람들 사이에서 점점 더 크게 퍼지자, 더 이상 가만히 있어서는 안 되겠다고 생각했다.

'그래, 내가 조용히 입을 다물고 있는 게 반드시 좋은 것만은 아니다. 그러면 도리어 선한 사람들이 나를 악당으로 알게 되어 앞으로 전도 활동에도 지장이 많지 않겠는가.'

그는 마침내 반격을 시작했다. 많은 사람들이 모인 앞에서 자기에 대한 소문이 근거 없는 모략이라고 강하게 말했다.

"사랑하는 성도 여러분, 요즘 나를 대적하는 자들이 나에 대해 거짓 소문을 퍼뜨리고 있습니다. 그동안은 조용히 참으며 지내는 것이 최선이라고 생각했지만, 여러분이 혹시 그런 고약한 소문을 믿을까 걱정이 되어 이렇게 나섰습니다.

나를 가리켜 '마술사 제수이트 강도'라고 한 말은 그것이 얼마나 큰 모함인지 모릅니다. 내가 지금까지 영혼 구원을 위해 힘써왔다는 것은 여러분이 더 잘 알고 있을 것입니다. 그런데 그들은 나의 선한 노력을 모두 외면하고 근거 없는 소문을 퍼뜨리고 있습니다.

또한 입에 담기조차 불결한 일이지만, 내가 아내 말고 여러 여자를 만나고 있다는 것도 말도 안 되는 소리입니다. 하나님이 보고 계신데 내가 주의 일을 하면서 어떻게 그런 불의한 일을 행할 수 있겠습니까. 그런 일을 직접 목격한 사람이 있다면 지금 이 자리에서 말씀해주십시오. 하나님께서 나에게 이렇게 좋은 아내를 주셨는데, 내가 어떻게 다른 여자와 살 수 있다는 말입니까. 하늘이 무서운 줄 모르고 비방하는 자들에게 경고합니다. 하나님께서 그들을 잠잠하게 하실 날이 분명히 있을 것입니다."

그는 다시 한 번 자신의 무죄를 강조했다.

적대자들의 모의

존 번연의 반격은 그를 모함하던 사람들을 주춤하게 만들었다. 근거 없는 소문은 빠르게 퍼져나가더라도 힘이 없다.

그러다가 존 번연은 또 한 번의 큰 고비를 겪었다. 지금껏 어떤 비난과 고통보다도 심한 일이었다. 바로 아름다운 소녀인 아그네스 버몬트와 얽힌 모함이었다. 이 소문은 당시 사람들 사이에서 굉장한 파문을 불러 일으켰다. 사건의 진상은 아그네스 버몬트가 직접 쓴 수기를 통해 사건의 전후 상황을 면밀히 살펴볼 수 있다.

아그네스 버몬트는 에드워드 존 버몬트의 딸이었는데, 이 수기를 쓸 당시인 1674년에는 21세의 아가씨였다. 그녀는 존 번연이 출석하던 베드퍼드교회와 같은 교파에 속한 다른 교회에 다니고 있었다. 그런데 에드워드 존 버몬트는 국교회에 속해 있었기 때문에 딸의 신앙생활을 몹시 못마땅하게 생각하고 있었다.

아그네스 버몬트는 존 번연에 대한 거짓 소문이 자신과 관계된 것이기 때문에 무척 괴로워했다. 그래서 마침내 그 진상을 밝히기 위해 수기를 써서 발표했다. 이 수기는 존 번연이 감옥에서 쓴《죄인의 괴수에게 넘치는 은혜》에 덧붙어 있는데, 처음부터 함께 출간한 것은 아니고 1680년에 발행한 5판부터 실려서 세상에 알려지게 되었다. 이 수기만 읽어 보아도 존 번연이 당시에 얼마나 치명적인 상처를 입었는지 알 수 있다.

다음은 아그네스 버몬트의 수기의 일부분이다.

그 무렵 나는 주일 예배 시간을 경건하게 준비하려고 날마다 간절한 마음으로 기도하면서 지냈습니다. 그런 보답으로 얻게 된 은혜는 늘 넘칠 만큼 풍성했습니다.

그러던 어느 날, 존 번연 선생님이 인도하시는 집회가 있다는 소식을 듣게 되었습니다. 당시에 평신도들은 목회자들이 들려주는 설교보다 존 번연 선생님이 들려주는 이야기를 더 좋아했습니다. 그의 설교를 마치 주님이 들려주시는 이야기라도 되는 것처럼 갈망하며, 한 번이라도 더 듣기를 원했습니다. 나 역시 그의 설교가 무척 듣고 싶었습니다.

나는 첫날 밤 집회부터 꼭 참석하려고 별렀으나 아버지에게 허락을 받기가 몹시 어려웠습니다. 아버지는 국교회파를 벗어나서 다른 교회에 참석하는 일을 무척 싫어하셨기 때문입니다. 그런데 하물며 딸이 밤에, 그것도 거리가 먼 교회에 가겠다고 하니 좋아하실

리가 없었습니다.

내가 집회 이야기를 꺼내자 예상했던 대로 아버지는 무척 언짢은 표정을 지으면서 완강하게 반대하셨습니다. 그래도 나는 계속 졸랐습니다.

"아버지, 특별한 집회라서 꼭 참석하고 싶어요. 시간이 끝나는 대로 서둘러 돌아올게요."

"무슨 집회인데 그러니?"

"전도 집회예요."

"누가 인도하는데?"

"가봐야 알 수 있어요."

나는 일부러 존 번연 선생님의 이름을 말하지 않았습니다. 아버지는 그 분의 이름만 들어도 질색하곤 했기 때문입니다.

"그럼 누가 너를 그곳까지 데리고 다녀올 거냐?"

"윌슨 씨예요. 제가 오라버니 집에 있으면 그곳에 들른대요."

그러자 아버지는 더 이상 묻지 않으셨습니다. 윌슨 씨는 가까운 친척으로 믿음직한 분이었기 때문입니다. 나는 오라버니의 집으로 가서 거기에서 윌슨 씨를 만나 그의 말 뒷자리에 타고서 집회 장소까지 갈 셈이었습니다.

그런데 오라버니의 집에서 한참을 기다려도 윌슨 씨가 나타나지 않았습니다. 마음이 조급해진 나는 이러다간 그날 밤 모임에 참석하지 못할 것 같다는 조바심이 생겼습니다. 나는 울먹이면서 오라버니한테 부탁했습니다.

"안 되겠어요. 오라버니의 말 좀 빌려주세요."

"우리 집 말들이 모두 일터에서 묵고 있기 때문에 안 돼. 여긴 지금 한 필 뿐이야."

오라버니가 거절하자 나는 더욱 막막하고 암담한 생각이 들었습니다. 윌슨 씨가 나타날 길목을 계속 쳐다보고 있었지만 그는 여전히 오지 않았습니다.

'아, 살아 계신 하나님께서 누군가의 마음을 움직이셔서 이곳을 지나다가 나를 데리고 가도록 하신다면 얼마나 좋을까.'

막연한 생각을 하고 있을 때였습니다. 놀랍게도 그때 그날 밤 모임을 인도할 존 번연 선생님이 말을 타고서 지나가는 것이 아니겠습니까! 아무리 생각해 봐도 꿈만 같은 일이었습니다. 나는 서둘러 지나가는 말을 세웠습니다. 그러고는 아무 말도 못 하고 오라버니에게 뛰어갔습니다.

그때로서는 번연 선생님의 말을 함께 타고 가는 것 말고는 집회 장소에 도착할 방법이 없었기 때문에, 내가 선생님에게 부탁하면 나를 태워줄 것이라고 생각했습니다. 그러나 내가 직접 부탁하기에는 어려운 분이라는 생각이 들어서 무작정 말을 세우고 오라버니에게 간 것입니다.

"오라버니, 이제 시간이 없어요. 그러니 선생님이 가시기 전에 저도 데리고 가라고 부탁 좀 해주세요. 네?"

오라버니는 집회에 꼭 가고 싶다는 내 마음을 잘 알고 있었기 때문에 나를 대신해서 존 번연 선생에게 정중히 부탁했습니다.

"번연 선생님, 마침 잘됐습니다. 지금 제 여동생이 당신의 집회에 참석하고자 하는데, 동행할 사람이 오지 않아서 안타까워하고 있었습니다. 그런데 마침 선생님이 지나가시는 것을 보았지요. 어려운 부탁이지만 선생님의 말에 함께 좀 태우고 가시면 안 되겠습니까?"

존 번연 선생님은 몹시 난처한 표정을 지으시더니 단호하게 거절하셨습니다.

"안 됩니다. 죄송합니다만 부탁을 들어드릴 수 없습니다."

"제 동생이 많이 슬퍼할 텐데요."

"하지만 저로서도 어찌할 수가 없습니다."

"동생을 태우고 가는 것이 그렇게 힘든 일인가요?"

"아니오. 그런 게 아닙니다. 그렇지 않아도 지금 저는 많은 사람들에게 비난받고 모함당하고 있습니다. 그런데 만약 당신의 동생을 태우고 가는 모습을 누가 본다면 어떻게 되겠습니까? 미안한 말씀이지만 그 부탁은 들어드릴 수 없군요."

존 번연 선생님의 말도 이해는 갔습니다. 그러나 집회에 가고 싶다는 내 욕심이 더 컸습니다. 여러 번 부탁을 하자 선생님은 잠시 망설이더니, 나를 태워주었습니다. 그 후의 모든 일을 다 하나님께 맡기는 그런 태도였습니다.

하지만 나는 그 집회에 참석할 수 있다는 생각과 그렇게 존경하던 존 번연 선생님과 함께 말을 타고 간다는 생각에 몹시 들떠 있었습니다.

그런데 후에야 알게 되었지만, 내가 말을 타고 막 떠난 후에 아버지가 오라버니의 집에 찾아왔던 모양입니다. 아버지는 내가 떠난 것을 알고 하인에게 물었습니다.

"아그네스가 누구와 함께 떠났나?"

"존 번연 씨입니다."

"뭐?"

"방금 전에 그 분과 함께 말을 타고서 출발했습니다."

"이런, 빌어먹을!"

하인의 말에 의하면, 그때 아버지의 얼굴은 금세 벌겋게 달아올랐고 매우 화난 표정이었다고 합니다. 나에게 속았다는 생각에 화가 치민 것이었습니다.

아버지는 즉시 오라버니의 말을 타고서 나를 뒤쫓았습니다. 그리고 한걸음에 클로즈 엔드까지 달려오셨습니다. 나를 붙잡아 당장 끌어내릴 작정이었지요. 그러나 우리가 탄 말은 그곳을 이미 지나온 상태였습니다. 그러니 아버지는 얼마나 조바심이 나셨겠습니까.

그런데 그 시간에 나는 그런 사실을 전혀 알지 못한 채 존 번연 선생님의 말을 함께 타고 가면서 얼마나 우쭐거렸는지 모릅니다. 이런 훌륭한 분과 함께 말을 타고서 간다는 생각이 나를 들뜨게 했던 것입니다. 솔직히 '이런 광경을 누가 좀 보아주었으면…' 하는 생각까지 했습니다. 그리고 그때처럼 내가 행복한 사람이라고 느낀 적이 없었습니다.

존 번연 선생님은 길을 가는 내내 줄곧 신앙적인 권면을 해주었습니다. 사실 선생님께 그런 귀한 말씀을 개인적으로 들은 것 자체가 하나님의 귀한 은혜였습니다.

그렇게 바쁘게 말을 몰고 가다가 우리는 불행한 순간을 맞이했습니다. 마을 어귀에 이르렀을 때 우리가 '레인'이라고 부르는 사제를 만난 것입니다. 이 사제는 우리 두 사람을 평소에도 잘 알고 있던 터라 인사를 건네더니 우리가 함께 말을 타고 가는 모습을 보고만 있었습니다. 레인 사제는 나중에 터무니없는 억지소리로 우리를 모함했고, 어처구니없는 소문을 퍼뜨렸습니다.

그날 집회는 정말 은혜스러웠습니다. 영의 양식이 풍성한 잔치 같았습니다. 그때 나의 영혼은 은혜로 충만했고, 너무나 감사한 마음이 넘쳐 가만히 앉아 있을 수가 없을 정도였습니다. 나는 그날 밤 분명히 예수 그리스도의 모습을 목격한 듯했습니다. 얼마나 감격스러웠는지 모릅니다.

예수 그리스도의 십자가의 사랑이 나의 마음 가득히 흘렀습니다. 그런 고귀한 사랑을 위해서라면 나의 생명을 바쳐도 아깝지 않다는 생각이 들 정도였습니다. 예수 그리스도께서 그날 밤 나의 가난한 영혼 안으로 찾아오신 것은, 당신의 몸을 한없이 낮추신 은혜가 아닐 수 없었습니다. 그런데 주께서 그때 내게 그처럼 엄청난 은혜를 주신 것은 며칠 후에 내가 겪게 될 큰 시련을 미리 아시고 준비를 시키신 것이었습니다.

집회가 끝났을 때 나는 집으로 돌아갈 일이 걱정되었습니다. 존 번연 선생님도 다른 길로 가야 했기 때문에 집으로 돌아갈 길이 막막했습니다. 아버지께 일찍 돌아가겠다는 약속을 하고 나왔기 때문에 더욱 초조한 마음이 들었습니다.

그러나 주님은 그런 상황 가운데서도 제게 평안을 주셨습니다. 나는 무작정 아무 사람이나 붙잡고 가는 도중까지만이라도 함께 말을 타고 갈 수 있는지 물어보기 시작했습니다. 하지만 나와 방향이 같은 사람을 찾기가 쉽지 않았습니다.

그런데 다행히도 잠시 후에 집에서 반 마일 가량 떨어진 곳까지 가는 한 아가씨를 만났습니다.

"방향이 같은데 말에 좀 태워주시겠어요?"

"그렇게 하지요. 어서 타세요."

이렇게 하여 나는 그녀의 집 앞까지 함께 말을 타고 올 수 있었습니다. 돌아오는 길은 온통 흙탕길이어서 '만약 그 아가씨를 만나지 못했다면 어떻게 되었을까' 하고 생각하니 아득했습니다.

내가 집에 갔을 때 등불은 벌써 꺼져 있었습니다. 문도 굳게 잠겨 있었습니다. 심상치 않은 분위기에 나는 걱정이 앞섰습니다. 아버지의 험상궂은 얼굴이 떠올랐기 때문입니다.

"아버지."

나는 작은 소리로 아버지를 불렀습니다.

"누구냐?"

"저예요. 길이 질퍽해서 좀 늦었어요."

"이 아비한테 거짓말을 하고는 즐거웠겠구나."

"거짓말을 하다니요?"

"존 번연 그 놈이 너를 데리고 갔다는 것을 내가 모를 줄 알았니? 너는 떠나기 전에 분명히 월슨이 데려다 준다고 했잖느냐."

나는 깜짝 놀랐습니다. 아버지가 그 모든 것을 알고 있을 줄은 꿈에도 몰랐기 때문입니다.

"그게 아니에요. 월슨 씨가 오지 않아서 길을 가던 번연 선생님께 태워달라고 부탁한 거예요."

그러나 아버지는 단호했습니다.

"됐다. 어서 가라. 나는 너를 내 집에 받아들일 생각이 없다."

나는 아버지께 매달리며 무작정 빌었습니다.

"아버지, 잘못했어요. 그러니 용서해주세요."

"그 존 번연인지 뭔지 하는 놈을 다시는 따라다니지 않겠다고 약
속해. 그렇지 않으면 절대로 집안에 발을 들여놓지 못하게 할 거
니까!"

존 번연 선생님에게 적대감을 품은 자들이 그 분에 대해 나쁜 말을
하며 아버지에게 고자질했는데, 아버지가 그 말을 그대로 믿었던
것입니다.

나는 아버지에게 거짓말을 할 수 없어서 그날 밤에 집에 들어가지
않고 헛간에서 뜬눈으로 밤을 새웠습니다. 그리고 다음날 아침에
도 아버지의 화가 풀리지 않아서 나는 할 수 없이 다시 오라버니의
집으로 가서 그 다음 주일까지 머물렀습니다.

하지만 아버지를 거역하고서 집을 떠나 있는 것도 쉬운 일은 아니
었습니다. 그래서 나는 얼마 후 아버지를 찾아가 앞으로 존 번연
선생님의 집회에는 절대 참석하지 않겠다는 약속을 하고 나서 집
에 들어갈 수 있었습니다.

"정말 다짐할 수 있느냐?"

"네, 아버지."

그날 밤 나는 아버지와 함께 마주 앉아서 난로 앞에서 불을 쬐고
있었습니다. 아버지가 나를 한참 동안 쳐다보더니 물었습니다.

"네 얼굴이 왜 그 모양이냐?"

그 순간 나는 감정이 복받쳐올라서 아버지에 대한 불만을 품고 퉁

명스럽게 대답했습니다.

"이제부터 존 번연 선생님의 집회에는 가지 않겠다고 아버지께 약속했잖아요."

"그런데?"

"아버지께서 그런 약속을 강요하시는 것이 너무나 속상해요."

"그러면, 약속을 지키기가 어렵겠다, 그 말이냐?"

"…."

나는 대답 대신 머리를 끄덕이기만 했습니다. 그런데 의외로 아버지의 모습은 부드러우셨습니다. 아버지는 잠시 아무 말 없이 고개를 숙이더니 훌쩍이면서 어린아이처럼 눈물을 흘리셨습니다. 전혀 예상하지 못했던 일이었습니다.

이윽고 아버지가 말문을 열었습니다.

"그런 걱정은 하지 마라. 하나님이 행하시는 일을 사람이 걱정할 필요가 있겠느냐."

"아버지, 무슨 말씀이세요?"

"그때 내가 화가 나서 너를 쫓아내긴 했다만 그 일이 마음에 걸려 며칠 동안 뜬눈으로 밤을 새웠단다."

"…."

"네가 존 번연과 함께 말을 타고서 교회로 떠났다는 말을 듣고 울화통이 치밀어 그렇게 했지만, 솔직히 그건 해서는 안 될 일이었어. 어디 그게 아비가 할 짓이냐."

아버지는 말을 이었습니다.

"사실 나도 존 번연의 설교를 몇 번 들은 적이 있어. 그의 설교는 내 마음에도 큰 감동을 주었지. 그런데 몇몇 마을 사람들이 그에 대한 지독한 말을 퍼붓는 바람에 나도 거기에 휩쓸리고 말았지 뭐냐. 거짓말도 자주 들으면 참말처럼 들린다지 않느냐."

"아버지도 그 분의 설교를 들었을 줄은 몰랐어요."

"어쨌든 이젠 걱정하지 말고, 마음 푹 놓고서 신앙생활을 하렴. 내 잘못도 부디 용서해주기 바란다."

나는 아버지의 그런 뜻밖의 말을 듣고서 얼마나 기뻤는지 모릅니다. 그런 일은 분명히 하나님의 역사가 아닐 수 없었기 때문입니다. 나는 아버지에게 몇 번이나 고맙다는 인사를 하고 아버지의 잠자리를 봐드렸습니다. 그 사이에 아버지는 난롯가에서 담배를 피우신 후에 잠자리에 드셨습니다. 그리고 나도 자리에 누웠습니다. 정말 그날의 기쁨과 감격은 평생 잊지 못할 것입니다.

그런데 시간이 얼마쯤 지났을까. 갑자기 누군가의 고통스러운 신음소리가 들려오는 게 아니겠습니까.

"으으윽."

나는 잠이 다 깨지 않은 상태에서 신음소리가 나는 곳을 찾기 시작했습니다. 처음에는 밖에서 나는 소리가 아닌가 해서 신경을 곤두세웠습니다. 그러다가 잠에서 완전히 깬 후에 그것이 아버지의 소리라는 것을 알게 되었습니다.

나는 즉시 일어나 아버지의 침대로 달려갔습니다.

"아버지, 어디가 아프세요?"

"윽, 어이쿠….."

"어떻게 아프신 거예요?"

"아무래도 죽을 때가 왔나보다."

"아버지! 정신 차리세요!"

그런 다음 일 분도 채 지나지 않아 아버지는 머리를 떨구고 말았습니다. 돌연사임이 분명했습니다. 나는 정신없이 아버지의 시신을 붙들고 울부짖었습니다. 그리고 오라버니에게 알렸습니다. 너무 갑작스런 일이라 정신을 차릴 수가 없었습니다.

이튿날 나는 정말 놀라운 말을 들었습니다. 사제 레인이 거짓말을 퍼뜨린 것입니다.

"나는 아그네스가 존 번연과 함께 말을 타고서 가는 것을 보았어. 뿐만 아니라 나는 두 사람이 이곳에 도착하기 전에 불미스러운 일을 저지른 것도 보았지."

이런 소문은 삽시간에 퍼졌습니다. 그리고 내가 살고 있는 마을까지 바람처럼 전해졌습니다. 아버지의 시신을 집안에 모셔 두고 있을 때의 일이었습니다. 아버지를 여읜 슬픔 가운데 그런 말을 듣고 나니 억울해서 견딜 수가 없었습니다. 그러나 주님께 기도할 뿐 다른 도리가 없었습니다.

같은 날 우리는 아버지의 장례식을 다음날로 결정하고 준비를 서둘 렀습니다. 그런데 바로 이때 말도 안 되는 일이 일어나고 말았습니다. 오라버니의 가까운 친구인 페어리 씨가 사람을 보내어 오라버니를 불러낸 데서 사건이 시작되었습니다. 페어리 씨는 오라버니에게 질문을 했습니다. 그 표정은 너무나 무서웠다고 합니다.

"이번에 네 아버지가 갑자기 세상을 떠난 것이 예사로운 일이라고 생각해?"

"갑작스레 세상을 떠나시긴 했지만 우리의 능력 밖의 일이니 어떡하겠나. 그런데 왜 그런 걸 묻는 거야?"

"지금 너는 완전히 속고 있는 거야. 네 동생 아그네스가 아버지를 죽였다는 소문이 지금 파다하게 퍼졌어."

"뭐라고?"

"독약을 먹여서 죽였다고 하던데."

"그만둬! 그런 소리는 입에도 담지 마. 아버지를 죽이는 딸이 어디에 있어!"

"지난번에 아그네스가 존 번연과 함께 말을 타고 교회에 간 일을 알고 있어?"

"당연하지. 그때 내가 태워달라고 부탁했는 걸."

"바로 그때 존 번연이 아그네스에게 아버지를 죽이라고 했다는 거야. 독약까지 건네주면서 말이지."

이때 오라버니는 멈칫하다가 대꾸했습니다.

"존 번연 씨가 아버지를 죽일 까닭이 없잖아. 그가 악한 사람도 아니고."

"도대체 말이 안 통하는구만. 존 번연의 입장에서 보면 자네의 아버지는 장애물이었다고."

"장애물이었다니, 그건 또 무슨 말이야?"

"존 번연이 아그네스를 빼돌려 자기의 아내로 삼으려고 할 때 그를 가로막는 걸림돌이 누구였겠어? 바로 자네 아버지라는 거지."

"더는 듣기 싫어. 존 번연 씨도 아그네스도 그럴 사람이 아니야. 그건 사람들이 꾸며낸 이야기에 불과하다고."

"답답한 사람 같으니. 다른 사람들은 벌써 다 알고 있는 사실을 혼자서 믿지 않겠다는 거야?"

"진실은 나중에 다 알려지게 마련이니까."

오라버니는 다행히도 페어리 씨의 말을 믿지 않았습니다. 존 번연 선생님을 미워하던 자들이 아버지의 죽음을 이용해 꾸며낸 이야기임이 분명하다고 생각했기 때문입니다. 하지만 그런 말을 듣고 나서 마음이 편할 리는 없는 일입니다.

오라버니가 무거운 발걸음으로 돌아와서 페어리 씨에게 들은 끔찍한 말을 전해주었을 때, 나는 너무 큰 충격을 받아서 기절하고 말았습니다. 그리고 그 소문은 존 번연 선생님을 죽이려는 계략이 분명했습니다.

얼마 지나지 않아 페어리 씨가 했던 이야기들은 빠르게 퍼져나갔습니다. 아버지의 장례식을 마치고 나면 두 사람은 곧 결혼할 것이라는 말도 퍼졌습니다.

정말 이때만큼은 사람들이 사람들로 보이지 않고 사람의 탈을 쓴 이리같이 느껴졌습니다. 주위 사람들의 따가운 시선에 나는 죽고 싶은 마음뿐이었지만, 존 번연 선생님이 당하게 될 몇 갑절의 고통을 생각하면 차마 그럴 수도 없었습니다. 오직 모든 일들을 다 잘 알고 계시는 주님께 맡기고, 선한 섭리에 의하여 진실이 밝혀질 때까지 참을 수밖에 없었던 것이지요.

당시에 이런 소문이 퍼진 것은 존 번연을 매장시키려는 못된 계략이었다. 이때 존 번연은 정말 큰 충격을 받았고, 이런 큰 시련을 이기기 위해 얼마나 많은 고통의 순간들을 인내하며 버텼는지 모른다.

그 후에 아그네스 버몬트와 존 번연의 사이가 결백하다는 사실이 조사 결과로 밝혀졌다. 진실은 언제나 밝혀지게 마련이며, 지금도 아그네스 버몬트의 수기는 대영박물관에 그대로 보전되어 있다. 역사의 증거물로 남게 되었다. 아그네스 버몬트는 훗날 결혼하여 행복하게 살았고, 1720년에 67세의 나이로 세상을 떠났다.

그러나 진실이 밝혀졌다고 이미 퍼져버린 소문이 쉽게 사그라들지 않았다. 아그네스 버몬트와 관계된 모함 때문에 존 번연은 큰 타격을 받았고 재기하기 어려울 정도였다. 이제까지 그를 신실하게 믿고 따랐던 사람들 중에서도 이 사건을 두고는 의심하는 이가 많았고, 일부는 그에게서 등을 돌리기까지 했다.

'이렇게 가다간 나의 전도 활동이 중단되고 말 거야. 도대체 나를 모함하는 일들은 언제까지 계속될까.'

존 번연은 더 이상 어떤 의욕도 생기지 않았다. 이 사건은 사탄이 그에게서 그리스도에 대한 열심을 빼앗기 위해 안간힘을 쓰고 있다는 증거였다. 그러나 하나님은 사탄보다 훨씬 강한 분이고, 진실 역시 거짓보다 큰 힘을 가지고 있다.

아그네스 버몬트의 결백이 밝혀진 후 그는 다시 용기를 내어 전보다 더 굳은 각오를 다지며 전도 활동을 시작했다.

존 번연은 이때의 소감을 이렇게 말했다.

나는 나의 결백이 드러났을 때 하나님께서 나를 철저하게 지켜주신다는 사실을 실감했다. 내가 사탄이 쏜 화살에 심장을 맞은 것 같은 고통에서 벗어날 수 있었던 것은 오직 하나님의 은혜였다. 나의 선한 행실 때문이 아니라 오직 하나님의 자비와 긍휼이 나를 고통스러운 시험에서 건져주신 것이다.

이런 일은 오히려 나에게 더 큰 용기를 주었고, 더 많은 사람들 앞에서 예수 그리스도를 증거할 수 있는 기회가 되기도 했다. 하나님은 나의 어려운 상황들을 더 좋은 상황들로 인도하신 것이다.

아그네스 버몬트와의 일을 겪고 난 후부터 존 번연의 설교는 완전히 달라졌다. 그전에는 예수 그리스도의 죽으심과 그 결과 우리에게 주어진 용서와 구원의 은혜를 전했으나, 이 사건을 겪은 후에는 권력자들의 부정과 국교회 지도자들의 비리에 초점을 맞추어 공격하기 시작한 것이다.

존 번연이 자기의 설교 내용을 바꾼 데는 그만한 까닭이 있었다. 권력자들과 국교회 지도자들이야말로 당시 교회와 사회에 불의와 부패를 불러들인 장본인들이었고, 그동안 온갖 중상모략과 음해의 칼날을 휘둘러 존 번연을 제거하려고 했기 때문이다.

그들을 비난하는 설교를 생각하며 그는 오랫동안 고민했다. 자신의 설교가 어떤 파장을 일으킬지 걱정이 되었기 때문이다. 그러다가 그는 마침내 결심했다.

'나를 해치고 모함했다는 이유로 그들을 공격하는 것은 잘못된 일이다. 그러나 그들은 나라와 사회와 교회 안에서 자신들의 이익을 위해 불의와 죄를 행했어. 그렇다면 사명을 짊어진 하나님의 전도자로서 그들의 악행에 대해서 입을 다물고 있어야 하는가. 세례 요한은 말할 것도 없고 예수님께서도 당시 지도층의 죄악을 맹렬히 규탄하지 않았던가. 그런데 내가 입을 다물고만 있어서 될까.'

이런 생각은 그가 빨리 결심하도록 이끌었고, 그는 마음먹은 즉시 설교를 통해 당시 국교회의 불의와 지도층의 죄악을 비난하기 시작했다.

"우리 주님이 이 땅에 오신 것은 죄인을 구원하기 위해서입니다. 주님은 이 땅의 불쌍하고 가난한 자들에게 복음을 전하셨고, 자신의 죄를 회개하고 애통하는 자들에게 구원을 주셨습니다. 그러나 당시의 부패한 권력자들과 교만한 종교 지도자들을 향해서는 무섭게 질타하셨습니다. 그들의 죄악이 그만큼 극에 달해 있었기 때문입니다.

만약 예수님이 오늘날 영국에 와서 이런 모습을 보신다면 어떻게 하실까요? 하늘 무서운 줄 모르고 온갖 패역과 불의를 범하고 있는 권력자들과 교회 지도자들을 향해 무슨 말씀을 하시겠습니까? 권력자들과 교회 지도자들은 자기를 희생하여 국민과 성도들을 돌봐주어야 할 책임이 있고, 가난하고 불쌍한 자들을 위해서는 자기 목숨까지도 바쳐 헌신적으로 지켜주어야 합니다. 그런데 현실은 정반대입니다. 도리어 기득권을 가진 자들이 가난하고 불쌍한 자들을 비난하고, 국민과 성도들의 주머니를 갈취하여 자기들의 욕심을 채우고 있지 않습니까!"

존 번연은 그동안 직접 보고 느낀 지도층의 불의를 하나하나 규탄

했다. 그는 큰 결단을 하고 설교를 했으며 이후에 어떤 시련이 그를 맞이할지 걱정되었다. 그런데 청중들에게서 예상하지 못했던 호응이 일었다.

"오랜만에 정말 시원한 말을 듣는군."

"진작부터 저런 날카로운 지적을 했어야 했어."

"누군가가 나서서 부패한 영국 사회를 바로잡지 않으면 안 된다고 생각하고 있었어."

"드디어 하나님의 때가 이른 거야. 적당한 시기에 하나님께서 저런 전도자를 이 땅에 보내신 거라고."

설교를 듣는 이들의 반응은 긍정적이었고, 오히려 존 번연에게 격려의 손길을 보냈다. 그러는 동안 그의 설교 내용이 빠른 속도로 권력자와 교회 지도자들의 귀에 들어갔다.

"드디어 존 번연이 우리를 향해 입을 열었군."

그들은 존 번연의 설교를 듣고는 자신들을 돌아보기는커녕 자신들을 향한 선전포고로 받아들였다.

그들은 만나기만 하면 서로 머리를 맞대고 수군거렸다. 존 번연을 하루빨리 붙잡아 더 이상 설교하지 못하도록 만들거나 감옥에 가두어야 한다는 결론을 내렸다.

"더 늦어져서는 안 돼."

"어서 그 녀석의 입을 막아."

"조사해봤는데, 내란 당시에 존 번연이 의회군에 가담했다는군."

"잘했어. 그걸 꼬투리를 삼으면 될 거야."

"그런 게 아니더라도 평신도의 신분으로 설교를 하고 다녔으니 얼마든지 체포할 수 있어."

"맞아. 지금까지 그냥 보고만 있었던 우리가 잘못이지."

그들은 존 번연을 설교 현장에서 체포하기로 계획했다.

이런 계획이 세워지는 동안 존 번연은 사랑하는 아내를 잃고 말았다. 그가 스무 살 때 결혼했던 아내는 그에게 있어서 생명의 은인이나 마찬가지였다. 그가 신앙의 자리로 나아가도록 이끌어주었고, 어려움이 닥칠 때마다 기도로 그를 후원했다. 그가 모함을 당할 때도 끝까지 그를 믿으며 힘을 보태주었다.

그런데 그렇게도 소중한 아내가 어느 날 갑자기 병에 걸려 그만 세상을 떠나고 말았다. 1659년에 일어난 일이다. 아내의 죽음은 존 번연에게 어떤 시련보다도 견디기 힘든 고통이었고 슬픔이었다. 세상을 떠난 아내는 존 번연에게 네 명의 자녀를 남겨주었다. 시각 장애인인 맏딸 메리를 비롯해 토머스와 조지프와 사라였다.

존 번연은 평신도 사역을 하고 네 아이를 키우기 위해서는 새로 아내를 맞이해야 했다. 아내를 잃고 나서 얼마 후에 재혼했는데, 두 번째 아내 엘리자베스 역시 이해심 많은 현숙한 여인이었다. 후에 존 번연이 옥중생활을 하게 되었을 때도 헌신적으로 그를 도왔다.

체포당하다

1660년 11월 12일의 일이었다.

이날 존 번연은 베드퍼드셔 주 헬링턴 근교의 삼셀에서 열리는 전도 집회에 초청을 받았다. 집회 일정과 장소가 정해지자 기회를 엿보던 자들 가운데 하나가 베드퍼드셔 주 치안판사에게 이 사실을 알렸다. 당시 치안판사는 프랜시스 윈게이터였다.

"치안판사님."

"뭔가?"

"아주 좋은 기회가 왔습니다."

"무슨 소리지?"

"존 번연이 설교할 집회 일정과 장소가 정해졌습니다."

"언제 어디서?"

"11월 12일, 삼셀에서요."

"됐어. 지금까지 좋은 기회가 오기만을 기다렸는데 드디어 때가 되었구나."

프랜시스 윈게이터는 체포 영장을 미리 발급해두었다. 그리고 그날 현장에 보낼 경찰들까지 미리 뽑아서 조용히 숨어 있으라고 지시를 했다. 만약의 사태를 대비하여 치밀한 계획을 세운 것이다.

"도대체 이게 무슨 일인지 이해가 안 돼."

"그러게 말야. 존 번연이 반역죄라도 저질렀대?"

"하지만 명령이니 따를 수밖에 없잖아."

경찰들은 치안판사의 지시에 불만을 터뜨렸다. 그러나 어쩔 수 없이 존 번연을 체포할 준비를 했다.

이윽고 집회가 열리는 날, 많은 사람들이 존 번연의 설교를 듣기 위해 삼셀로 속속 모여들었다. 그런데 존 번연이 도착하기도 전인데 벌써 치안판사가 보낸 경찰들이 강단 주위를 포위하고 있었다. 단지 법을 어기고 설교를 한 평신도를 체포하기 위해서라기에는 지나친 행동이었다.

집회 시간이 가까워오자 존 번연이 가까운 친구들과 함께 집회 장소에 도착했다. 그리고 손을 들어 사람들에게 인사한 후 강단 쪽으로 걸음을 옮겼다. 그는 강단을 포위하고 서 있는 경찰들을 보고서 잠시 발걸음을 멈추었지만, 이내 아무렇지도 않게 발걸음을 옮겨 자기 자리에 가서 앉았다. 모든 일을 각오하고 왔다는 표정이었다.

사람들은 경찰들 때문에 긴장했다. 그러나 존 번연의 얼굴은 오히려 평온해 보였다. 그 순간 그는 주님의 고난을 생각하면서 비겁해지지 않으려고 애썼다.

그는 이런 순간을 피하려고 했다면 얼마든지 피할 수 있었다. 왜냐하면 집회 장소에 자기를 체포하려는 경찰들이 올 예정이라는 것을 그 전날에 알았기 때문이다. 하지만 그는 죽어도 '주님과 함께 죽자'는 심정으로 집회 장소까지 나온 것이다.

집회를 하루 앞둔 날, 존의 동료가 아침부터 그를 찾아왔다.

"번연 선생님 계십니까?"

"이른 아침부터 무슨 일입니까?"

"큰일났습니다."

"왜요? 차근차근 말씀해보세요."

"내일 선생님을 설교 현장에서 체포하려고 치안판사가 미리 영장을 발급해놨다고 합니다."

"틀림없는 사실입니까?"

"네, 치안판사의 측근한테 제가 직접 들었으니까요."

"…."

존 번연은 아무 말도 하지 않았다. 오히려 체포될 것이라는 소식을 전해준 동료가 더 다급해보였다.

"번연 선생님, 그래도 내일 집회에 갈 겁니까?"

"…."

존 번연은 한동안 아무런 말이 없었다. 결정을 내리기가 쉽지 않았다. 동료는 취소하라고 했다.

"지금이라도 당장 취소하십시오. 제가 책임지고 사람들에게 알릴게요."

그러나 존 번연은 단호한 어조로 대답했다.

"아닙니다. 성의는 고맙지만 그렇게 할 수는 없어요. 나는 여기서 한 발짝도 도망치지 않을 것입니다. 체포될 것이 두려워 집회를 그만둘 수는 없지요."

번연은 깊은 숨을 한 번 들이쉬고 나서 말을 이었다.

"자, 용기를 냅시다. 미리 겁을 먹을 필요가 없습니다. 사람들에게 구원의 복음을 전한다는 것은, 그것 자체만으로도 훌륭한 목적이 됩니다. 그런데 무엇을 두려워하겠습니까. 하나님의 말씀을 전하는 것보다 더 나은 일은 없습니다. 그런 일을 행하다가 고통을 받는다면 오히려 그 고난이 축복이 되지 않겠습니까? 모든 것은 하나님께서 인도하실 것입니다."

"하지만 당신이 체포된다면 우리는 당신이 전하는 말씀을 더 이상 들을 수가 없잖아요."

"물론 그럴지도 모르지요. 하지만 하나님께서는 절대로 당신에게 손해가 되는 일은 허락하지 않으시는 분입니다. 그러니 우리가 지금 여기서 그런 염려까지 할 필요는 없습니다."

동료는 더 이상 존 번연을 설득하지 못하고 돌아갔다.

존 번연은 동료가 떠나자 조용히 기도할 곳을 찾았다. 벼랑 끝에 선 기분으로 하나님 앞에 나아가야 했다. 사실 단호하게 도망가지 않을 거라고 말하기는 했지만 하나님의 뜻이 정말 거기에 있는지 확신을 얻고 싶었다.

그는 한적한 곳에 앉아서 마음 깊은 곳에서 스스로 묻고 스스로 답했다. 그가 힘들고 어려운 일에 부딪힐 때면 늘 하던 일이었다.

'너는 사람들 앞에서 설교할 때마다 꽤 용기 있는 것처럼 보이곤 했지?'

'그래, 언제나 그래왔지.'

'너는 또 사람들에게 누구든지 하나님의 은혜를 받으면 하늘의 놀라운 힘도 받게 된다고 말했지?'

'그것도 맞는 말이야.'

'그렇다면 말이야, 지금 네가 체포당할 일이 두려워 집회를 취소하고 도망쳐버린다면 어떤 일이 일어날까? 사람들이 너의 그런 모습을 보고서 어떻게 생각하겠느냐고.'

'어처구니없다고 생각하겠지.'

'게다가 믿음이 연약한 새신자들은 너의 그런 모습을 보고 더욱 실망할지도 몰라. 어쩌면 신앙에 대해 부정적인 생각을 가지게 될지도 모르지.'

'…'

'가장 큰 용기를 내어야 할 때 네가 도망쳐 숨어버린다면 그동안 너를 따랐던 수많은 사람들도 고난 앞에서 예수 그리스도를 떠나버리겠지. 그렇다면 너는 그 일을 어떻게 감당할 거야?'

'…'

'너는 하나님께서 이 땅에 복음을 전하기 위해 선택하신 사람이란 사실을 명심하기 바란다. 구원의 복음을 전하는 데는 많은 고통과 어려움이 따른다는 것은 잘 알고 있을 텐데, 이렇게 조금 고통스러운 일이 생겼다고 해서 도망친다면 그 결과가 어떻게 될까. 그동안 너를 보면서 힘을 얻었던 사람들이 넘어지고 대신 너를 핍박했던

자들은 기세등등할 거야.'

존 번연은 결심을 굳혔다. 그가 어떻게 해야 할지 답은 너무나 분명했다. 그는 어떤 위협도 피하지 않고 담대하게 맞서면서 집회 장소에 가기로 결심했다.

집회 전날 이런 결심을 했기 때문에 존 번연은 강단을 에워싼 경찰을 보고도 담대할 수 있었다. 마치 예수께서 겟세마네 동산에서 순순히 군병들 손에 잡히시던 것과 다르지 않았다.

존 번연은 손에 성경을 든 채로 강단 위로 올라섰다. 자기를 체포하러 온 것을 알면서도 아무렇지 않은 듯 강단에 올라가는 그의 모습을 보니 오히려 경찰들이 주눅 드는 것 같았다.

존 번연은 먼저 머리를 숙이고 큰소리로 기도부터 했다. 집회 때면 항상 기도를 먼저 했다. 그러나 그날은 더욱 비장하게 기도를 했다. 주변 상황을 알았기 때문이다.

"하나님 아버지, 우리는 지금 주님이 유대인들에게 잡혀 골고다 언덕으로 십자가를 지고 떠나야만 했던 절박한 상황에 놓여 있습니다. 우리에게 힘을 주소서. 담대함과 용기를 주셔서 우리가 이 모든 상황을 넉넉히 이겨나갈 수 있도록 하소서."

이윽고 그는 설교를 시작했다.

"사랑하는 여러분, 사탄은 복음을 방해하려고 여러 가지 방법으로 여러분을 넘어뜨리려고 합니다. 그러나 조금도 두려워하거나 약해지지 마십시오. 우리를 지키시는 하나님은 이미 세상을 이기셨습니다."

그의 설교는 청중들의 불안한 마음을 금세 사로잡을 수 있었다. 어떤 폭력에도 절대로 굽힐 수 없다는 그의 태도가 청중들의 마음에 담대함과 용기를 주었다.

바로 그때였다. 한참 말씀을 전하고 있는데 밑에서 기다리던 경찰 두 사람이 강단으로 올라섰다. 그들은 체포 영장을 내밀며 존 번연을 다그쳤다.

"존 번연 씨, 당신을 체포합니다."

"이유가 무엇입니까?"

"여기 영장에 적힌 대로입니다."

"뭐라고 적혀 있나요?"

"당신은 평신도이기 때문에 설교할 자격이 없음에도 불구하고 지금까지 설교를 해왔기 때문입니다."

"그것이 나를 잡아가는 이유라면 이 설교가 끝날 때까지만 좀 기다려주십시오."

"법을 어기는 일을 계속하겠다는 것은 더 큰 범죄입니다."

존 번연은 잠시 무엇인가를 생각하더니 경찰들에게 말했다.

"그렇다면 부탁 하나만 들어주었으면 합니다."

"뭐요?"

"여기 모인 사람들에게 격려 한마디만 하고 떠났으면 합니다."

경찰관은 머리를 끄덕이며 허락했다.

존 번연은 다시 크게 외쳐 말했다.

"여러분, 여러분이 보고 있듯이 이제 저는 복음 때문에 어떤 고난을 당할지 모릅니다. 그러나 우리가 복음 때문에 고난을 받고 고통을 당하는 것은 오히려 하나님께서 주시는 은혜의 기회이기도 합니다. 여러분, 그 누구도 낙심하지 마십시오. 어떤 일에도 절망하지 마십시오. 나는 지금 하나님의 사람으로서 천국을 위하여 선한 일을 하다가 체포를 당하게 되었으니 얼마나 감사한지 모릅니다. 여러분 모두 훌륭한 대접을 받는 일보다도 주님을 위해 고난을 받는 일이 도리어 복이 되는 줄 아시기 바랍니다. 어떤 상황에서도 인내하며 감사하며 지내시길 바랍니다. 어떤 상황 가운데서도 하나님은 우리와 함께하실 겁니다."

존 번연의 말이 끝나자마자 경찰들이 그를 끌고 나갔다. 그리고 나머지 경찰들도 그들의 뒤를 따라서 서둘러 나갔다.

치안판사의 궁궁이

존 번연을 체포한 경찰들은 그를 치안판사 프랜시스 윈게이터 앞으로 데려갔다. 치안판사가 경찰들에게 물었다.

"그대들은 현장에서 무엇을 목격했는가?"

"특별히 눈에 띈 것은 없었습니다. 사람들이 많이 모여 있었다는 정도입니다."

"그럼, 체포할 당시에 범인이 소지한 것이 있었나?"

"성경을 들고 있었는데요."

"내가 지금 묻는 건, 혹시 무기 같은 것을 갖고 있었냐는 말이야!"

"아, 그런 건 없었습니다."

"멍청한 녀석들! 숨기고 있었는지 누가 알아."

치안판사는 존 번연은 놔두고 다른 사람에게 엉뚱한 질문을 했다. 혹시 존 번연에 대한 빌미를 잡을 수 있을까 하는 속셈이었다.

경찰관들이 나가고 치안판사는 그에게 예비 심문을 시작했다.

"이렇게 갑자기 모셔오게 되어 미안하오. 당신의 직업은 무엇이오?"

"용접공입니다."

그는 능글맞게 웃으며 말을 이었다.

"그렇게 멀쩡한 직업이 있는데도 일을 팽개치고 사람들을 모아놓고 설교하다니, 그것이 위법인 것을 몰랐단 말인가?"

"나는 지금까지 사람들 앞에서 설교한 적이 단 한 번도 없었습니다."

그러자 판사는 눈을 부릅뜨면서 묘한 표정을 지었다. 그러더니 다시 질문했다.

"아니, 이 지역 사람들이 모두 다 아는 일인데 거짓말을 할 셈인가?"

"천만에요. 나는 단지 우리 모두가 죄인이라는 것과 예수 그리스도를 믿음으로 구원을 얻을 수 있다는 것을 전해주었을 뿐입니다. 그 이야기는 내가 직접 체험한 것이므로 간증을 한 것이지 설교를 한 것은 아닙니다."

"그러니까 당신 말은 지금까지 법을 어긴 적이 없다, 뭐 그런 뜻인가?"

"그렇습니다. 아까 내 직업이 뭐냐고 물었지요? 나는 지금까지 가족들을 먹여살리기 위해 부지런히 용접공 일을 해왔습니다. 직업을 바꾼 적은 한 번도 없었어요. 그런데 내가 무슨 법을 어겼다는 것입니까?"

존 번연의 당당한 태도에 치안판사는 약간 상기된 표정으로 날카롭게 대꾸했다.

"아주 당당하게 말하는군. 하지만 번연 씨, 두고 보시오. 당신이 여기저기에서 했던 집회들의 실상이 낱낱이 드러나고 말 테니까."

존 번연은 아무런 대꾸도 하지 않고서 치안판사의 얼굴을 뚫어지게 쳐다보고만 있었다. 그러자 치안판사는 시선을 피하고 시간을 끌더니 말머리를 돌렸다.

"존 번연 씨, 우선 보증인부터 세우시오."

"보증인이라니요?"

"그래야만 구치소에 가지 않고 나갈 수가 있기 때문이오."

"…."

존 번연은 치안판사가 무슨 말을 하는지 잘 알아듣지 못했다. 그러나 아랑곳하지 않고 판사는 할 말을 다 내뱉었다.

"물론 보증인은 보증금을 내놓을 수 있는 사람이어야만 하오. 보증인이 있으면 당신은 곧 석방될 거요. 그러나 한 가지 조건이 있다는 걸 알아야 하오. 당신이 풀려난다고 하더라도 또다시 설교를 한다면 보증금은 다 압수당하고 다시 체포된다는 사실이오."

이에 존 번연이 날카롭게 대답했다.

"누가 스스로 보증인이 되어준다고 해도 나는 거절할 것입니다. 내가 살아 있는 한 사람들에게 구원의 복음에 대해 이야기하기를 멈추지 않을 거니까!"

"그렇다면 구속 영장을 작성해서 투옥시킬 도리밖에 없겠군."

치안판사는 이 한마디를 남긴 채 문을 쾅 닫고 나가버렸다. 존 번연의 설교도 막고 돈도 챙기려 했던 계획이 수포로 돌아가자 화가 난 것이다.

이튿날이었다. 존 번연이 수감되어 있던 곳에 덩치가 좋은 남자가 찾아왔다. 영국 사회에 널리 알려진 린데일 박사라는 사람이었다. 그는 국교회 지도자 가운데서도 유능한 이로 손꼽혔다. 그는 존 번연을 찾아와서는 첫마디부터 거칠게 질문을 했다.

"그대가 존 번연이란 사람인가?"

"…."

"왜 대꾸를 하지 않는 거지?"

"그러는 당신은 누구입니까?"

"도리어 나한테 질문을 하겠다는 거요? 뭐, 차차 알게 되겠지."

"내가 감옥에 갇힌 것은 치안판사의 체포 영장 때문입니다. 그 외에는 누구와도 상관이 없는데 왜 나를 찾아온 것입니까?"

린데일 박사는 얄궂게 웃으며 말했다.

"역시 보통내기는 아니군. 나는 지금 치안판사의 부탁을 받고 면담하러 온 것이니 내 말에 대답해야 할 거요."

"그래서 어떻다는 말입니까? 내가 왜 당신과 면담을 해야 하지요?"

"당신은 국교회의 허락도 받지 않고 지금까지 설교를 해왔다고 들었는데, 그것은 절대로 용서받지 못할 일이오. 왜냐하면 하나님을 모독하는 것이니까. 그런데도 당신은 보증인을 거부할 만큼 당신의 행동이 떳떳했다고 들었소. 당신은 왜 당신의 행동이 합법적이라고 생각하는지 설명해보시오."

존 번연은 단호하고도 담담한 표정으로 대답했다.

"베드로전서 4장 10절 말씀을 기억하십니까. 각자 자기가 받은 은사를 따라서 하나님의 선한 청지기가 되어 서로 봉사하라는 말씀 말입니다."

"당연히 알고 있지요. 그런데 그게 누구한테 하는 말씀인 줄은 알고 있는 거요?"

"그건 특별한 사람에게 하시는 말씀이 아니라 은사를 받은 모든 사람에게 하시는 말씀입니다. 모든 은사는 다 하나님이 주신 거라고 했습니다."

린데일 박사는 무슨 말을 하려고 했다. 그러나 존 번연은 그를 무시한 채 말을 이었다.

"또 사도 바울은 고린도전서 14장 31절에서 '모든 사람으로 배우게 하고 권면을 받게 하기 위하여 하나씩 하나씩 예언할 수 있느니라'라고 말씀했습니다. 그런데 내가 말씀을 전하는 은사를 받아서 이를 수행하는 일이 어째서 하나님을 모독하는 범죄가 된다는 것입니까?"

존 번연이 생각보다 강하게 자신을 주장하자, 린데일 박사는 태도를 바로 바꾸었다. 목소리를 낮추고 정중한 표정으로 존 번연에게 물었다. 자기가 의도하는 대로 그를 설득하고 싶었기 때문이다.

"그렇게 성경을 잘 안다면, 사도들을 거역한 구리장색 알렉산더도 잘 알고 있겠군. 직업이 그대와 같았던 용접공 말이야."

존 번연은 린데일 박사가 성경 말씀을 교묘하게 이용해서 자신을 궁지로 몰아넣으려고 한다는 것을 눈치챘다. 그래서 더욱 강하게 맞섰다.

"잘 알고 있지요. 그리고 알렉산더보다 더 흉악한 놈들도 기억하고 있습니다. 바로 예수 그리스도를 못 박아 죽도록 만든 유대교 지도자들이지요."

린데일 박사도 만만치 않았다. 그는 사제를 세우는 권위자로 알려져 있었는데, 그 명성을 거저 얻은 것은 아니었다.

"맞아. 그런데 그대가 지금 그런 놈들처럼 행동하고 있지 않은가! 청중들을 모아놓고 바리새인들처럼 유창한 기도를 하고 있으니 말이야."

존 번연은 그의 말을 듣고 싶지 않았다. 그래서 강한 어조로 그를 나무랐다.

"똑똑히 들으시오! 만약 당신이 내가 그랬던 것처럼 많은 설교를 하더라도 아무런 보수를 받지 않았다면 지금 당신의 얼굴이 그렇게 기름지지는 않았을 거요!"

린데일 박사는 이 한마디에 충격을 받았는지 얼굴이 벌겋게 달아올랐다. 존 번연을 협박하려다가 오히려 크게 얻어맞은 격이었다.

치안판사가 일부러 그를 존 번연에게 보낸 데는 따로 목적이 있었기 때문이다. 린데일 박사가 협박을 하면 존 번연이 겁을 먹고 보증인을 세우지 않을까 했던 것이다. 그러나 그의 반응은 그들의 생각과는 전혀 달랐다. 겁을 먹기는커녕 자신의 정당함을 더욱 강하게 주장했다.

이에 린데일 박사는 이성을 잃은 듯 그에게 악담과 욕설을 퍼붓기 시작했다. 반대로 존 번연은 입을 다물었다. 진리를 왜곡하는 사람을 상대하는 일은 어리석은 일이라는 것을 잘 알고 있었기 때문이다.

린데일 박사가 험상궂은 얼굴이 되어 나오자, 치안판사는 곧바로 존 번연의 구속 영장을 발부했다. 그를 당장 베드퍼드 감옥으로 보낼 생각이었다.

그러다가 다시 무언가 궁리를 하더니, 이번에는 존 번연과 친분이 두터운 사람을 불러들였다. 그들로 하여금 존 번연을 회유할 속셈이었다. 그는 존 번연을 곧바로 감옥으로 보내기에는 자기의 주머니를 채워주는 보증금 명목의 돈이 아쉬웠다. 그 욕심을 버리지 못하고 다시 한 번 꼼수를 부린 것이다.

존 번연은 평소에 친하게 지내던 두 사람이 구치소를 찾아오자 깜짝 놀랐다. 예상하지 못했던 일이었기 때문이다.

"어떻게 여기까지 왔습니까?"

"번연 선생님을 뵙고 싶어서 이렇게…."

"찾아와주셔서 고맙습니다. 하지만 염려하지 않으셔도 됩니다. 주님께서 인도하실 겁니다."

"그런데 말입니다…."

그중 한 사람이 머뭇거리더니 조심스럽게 말을 했다.

"선생님이 원하신다면 우리가 보증인이 되겠습니다. 어서 밖으로 나오셔야 하지 않겠습니까?"

존 번연은 그들이 이곳에 온 이유를 대충 알 것 같았다.

"혹시 치안판사가 보내서 여기에 왔습니까?"

"물론 그런 권유도 받았습니다. 그러나 우리는 그와 상관없이 번

연 선생님이 얼른 자유의 몸이 되시길 바라고 있습니다. 감옥에 갇혀 있는 고통에 비하면 그 정도의 돈은 중요하지 않습니다. 그러니 우리의 정성을 사양하지 마셨으면 합니다."

"여러분의 마음은 잘 알겠습니다. 그러나 그런 말을 계속 하려면 이만 돌아가주십시오."

존 번연의 태도는 처음부터 매우 단호했다.

"내 양심에 부끄럽지 않은 일이라면 어떤 부탁이든 들어줄 수 있습니다. 그러나 내 몸 하나 편하자고 남을 보증인으로 세우면서까지 석방되고 싶지는 않습니다. 내가 죄가 지어서 여기에 잡혀온 것이 아니니까요."

"…."

"여러분의 마음은 알겠습니다. 그러나 치안판사는 내가 보증인을 세워 석방되더라도 사람들 앞에서 설교하면 안 된다고 했습니다. 그렇다면 나로서는 오히려 감옥에 갇혀 있는 편이 더욱 떳떳하지 않겠습니까?"

두 사람은 존 번연이 무슨 말을 하려는지 알 수 있었다. 그리고 그의 성품도 잘 알고 있었기 때문에, 그가 그렇게 강하게 말했다면 더 이상 설득해도 소용이 없다는 것을 알고 그를 석방시키는 일을 포기했다.

이때의 일을 두고서 존 번연은 이렇게 말했다.

　두 친구는 간절한 마음으로 내가 석방에 동의하기를 바랐지만 나의 굳은 결심 때문에 아쉽게 발걸음을 돌렸다. 그들은 내가 감옥에 갇히는 걸 두려워하고 있었지만, 나는 양심에 찔리는 일이 전혀 없었기 때문에 감옥도 자유로운 바깥과 조금도 다르지 않았다. 그래서 나는 그들이 돌아설 때 그들의 뒷모습을 안타까운 눈으로 보기까지 했다. 나는 그들이 떠난 후 우리 모두가 혹시라도 하나님을 모독하거나 영혼에 상처를 내는 불행한 일이 없도록 지켜달라고 하나님께 간절히 기도했다.

치안판사는 존 번연을 회유하려던 계획까지 실패하자, 며칠 동안 고심하더니 마지막으로 윌리엄 포스터를 보냈다. 그는 당시 베드퍼드에서 비국교도를 고발하고 기소하는 일에 활약하던 법률가였는데, 린데일 박사가 협박형의 사람이었다면 그는 감언이설로 상대방의 마음을 꼬드기는 유형의 사람이었다. 그리고 치안판사의 여동생이 그의 아내였으니, 치안판사와는 매우 각별한 사이이기도 했다.

윌리엄 포스터는 존 번연을 찾아와서는 예상 밖의 사람을 만난 듯이 인사했다.

"아니, 이게 누구요. 존 번연 씨 아닙니까?"

"맞습니다. 내가 존 번연입니다."

"도대체 무슨 일로 당신이 여기에 있는 것입니까?"

그는 깜짝 놀란 듯한 표정으로 존 번연의 어깨를 끌어안았다. 존 번연은 윌리엄 포스터와 개인적인 친분이 전혀 없었지만 그가 누구인지는 알고 있었다. 진실한 성도들, 곧 비국교도들을 수없이 감옥에 넣은 사람이 갑자기 자기에게 상냥한 태도를 보이다니 그는 그 친절이 진심이 아님을 곧 눈치챘다.

존 번연은 시편 55편 21절, "그의 입은 우유 기름보다 미끄러우나 그의 마음은 전쟁이요 그의 말은 기름보다 유하나 실상은 뽑힌 칼이로다"라는 말씀이 떠올랐다.

윌리엄 포스터는 부드러운 목소리로 물었다.

"여기는 무슨 일로 왔습니까?"

"여기에서 얼마 떨어지지 않은 데서 간증 집회가 있었어요. 거기에서 말씀을 전하려다가 치안판사의 영장을 받고 이리로 오게 되었습니다."

"감옥에 갇힐 만한 일을 했군요. 다 알다시피 법에 의하면 평신도는 설교할 수 없으니까요."

그는 안타깝다는 듯이 존을 바라보며 조용히 말했다.

"하지만 염려하지 마십시오. 앞으로 사람들을 모으지 않겠다는 약속만 하면 집으로 돌아갈 수 있도록 내가 주선해보지요."

"잠시만요. 지금 틀린 말을 한 것 같군요. 당신은 내가 사람들을 모았다고 했는데 나는 한 번도 그런 적이 없습니다. 나는 사람들이 모여 있는 곳에 가서 그들에게 구원의 방법을 말했지, 내가 나서서 사람들을 모은 적은 한 번도 없습니다."

"지금 말꼬투리를 잡을 때가 아닙니다. 중요한 건 당신이 감옥에 갇히지 않는 거예요. 앞으로 이전과 같은 일을 하지 않겠다는 약속만 하면 풀려나고 감옥까지는 가지 않을 것입니다."

존 번연은 그의 화려한 말솜씨에 휘말리지 않았다.

"물론 나는 지금까지 그랬던 것처럼 앞으로도 사람들을 먼저 모으거나 하지는 않을 것입니다. 그러나 분명히 들어두십시오. 언제 어디서거나 사람들이 모여서 나를 부른다면, 나를 불러서 예수 그리스도의 복음 듣기를 원한다면, 나는 지체하지 않고 달려가서 그들을 위해 구원의 복음에 대해 들려줄 것입니다. 어떻게 두렵다고 하나님의 복음을 전하길 포기하겠습니까."

"하지만 복음을 전하는 것은 당신의 일이 아닙니다. 사제들에게 맡겨두면 되는 일이에요. 당신은 당신에게 맡겨진 생업에서 최선을 다하면 됩니다. 당신이 그러겠다고 다짐만 하면 치안판사는 즉시 당신을 풀어줄 거예요."

"나는 지금까지 나의 생업에 충실하게 일했습니다. 하지만 하나님께서 내게 주신 은혜의 체험을 전함으로 다른 이들의 신앙생활을 도와줄 책임도 있습니다. 이것은 내가 결정한 것이 아니라 하나님께서 주신 소명입니다."

부드러운 목소리로 말을 주고받았지만 실상은 치열한 영적 싸움이었다.

"아무리 변명해도 당신이 집회를 하고 설교를 하는 일은 법에 어긋나는 것입니다. 그러니 사람들 앞에서 설교하고 싶은 유혹을 떨쳐버려야 해요."

"거듭 밝혀드립니다만 나는 더 이상 어떤 약속도 할 수가 없습니다. 내 양심이 결코 허락하지 않기 때문입니다. 양심은 내 인생의 성벽과 같습니다."

생각보다 존 번연의 결심은 강했다. 그러자 윌리엄 포스터는 다른 방향으로 존 번연을 설득하려고 했다.

"하지만 국교회를 벗어난 사람들에게는 한 가지 큰 폐단이 있습니다."

"그게 무엇입니까?"

"성서를 글자 그대로 해석하려는 경향입니다."

"하지만 성서는 글자대로 해석해야 할 부분이 있고, 그렇게 해서는 안 되는 부분이 있습니다."

"황당하고 말도 안 되는 대답이군요. 당신은 헬라어나 히브리어를 모르는데 어떻게 성서를 올바르게 볼 수 있다는 말인가요?"

"내 학식이 부족하다는 말이군요. 맞습니다. 나는 정식으로 신학을 공부하지 못했습니다. 그럼에도 불구하고 내가 조금도 두려워하지 않고 복음을 전하는 것은, 하나님은 나처럼 어리석고 부족한 사람을 선택하여 쓰시는 분이기 때문입니다."

윌리엄 포스터가 존 번연을 만나고 나오자, 치안판사는 그에게 물었다.

"어떻게 되었나?"

"투옥될 수밖에 없다는 말만 남기고 나왔습니다. 도무지 설득이 먹히지 않아요."

"보통 놈이 아니군."

"그냥 감옥에다 쳐넣어버리십시오. 절대로 넘어오지 않을 사람이니까요."

바로 그 시간에 존 번연은 하나님께 기도하고 있었다.

"살아 계신 하나님, 혹시 제가 자유의 몸이 되어서 감옥 안에 갇혀 있을 때보다 더 많은 선한 일을 할 수 있다면 지금 풀려나도록 하소서. 그러나 제가 감옥 안에서 지내는 것이 더 유익하다면 당신의 뜻대로 하소서. 제가 감옥 안에 있는 것이 당신의 진실한 자녀들을 일깨우는 것이라면 갇혀 있어도 좋습니다. 온전히 하나님께서 이끌어주소서."

모든 것을 하나님께 맡기고 나니 존 번연의 마음은 평강과 자유함으로 가득해졌다.

훗날 이 일을 두고서 그는 다음과 같은 말을 했다.

사실 나는 당시에 하늘에 계시는 아버지의 뜻이 아니면 나의 머리카락 한 올도 땅에 떨어지지 않을 것을 굳게 믿었기 때문에, 하나님께서 하시고자 하는 바를 바라보면서 여유 있게 수감생활을 할수 있었다. 인간의 악이 제아무리 극심해도 하나님께서 허락하시는 정도 이상을 넘지 못한다는 사실을 나는 잘 알고 있었고, 또한 하나님께서는 당신을 사랑하는 자들과 함께 계시면서 모든 일의 결과를 선하게 만들어주신다는 사실도 나는 잘 알고 있었다.

법정에 서다

　　　　　　　　존 번연이 붙잡힌 지 7주가 지났을 때
베드퍼드에서 사계 재판이 열리게 되었다. '사계 재판'이란 당시 영
국 안에서 일 년에 네 번 열리는 지방 하급재판을 가리키는 것이다.

　존 번연도 이 재판에 출석하게 되었다. 이 재판에 참여한 치안판
사는 킬린, 체스터, 블런데일, 비처, 스나그 등이었다.

　이 재판에 제출된 존 번연에 대한 기소장에는 다음과 같이 적혀
있었다.

　　베드퍼드셔 주의 엘스토에 살고 있는 노동자 존 번연은 그 신분이
　　용접공임에도 불구하고 5년 전인 1655년부터 지금까지 영국국교
　　회의 예배에는 일부러 참석하지 않고 상습적으로 불법 집회와 비
　　밀 집회를 열었음. 이 일은 국왕의 법률을 어긴 것이고 또한 이 나

라의 선량한 국민들을 현혹시킨 범죄이기 때문에 상당한 형벌을 가하여 다시는 이 같은 범죄를 되풀이할 수 없도록 만드는 것이 옳다고 사료됨.

법원 서기는 기소장을 읽고 나서 존 번연에게 물었다.

"여기에 대해 할 말이 있는가?"

존 번연은 결연한 태도로 일어나서 대답했다.

"방금 읽은 기소장 가운데 내가 5년 동안이나 국교회 예배에 참석하지 않았다는 대목이 있는데, 그 말이 틀린 것은 아니지만 나는 그 기간에 참된 교회의 예배에 참석했습니다. 다시 말하면 나는 예수 그리스도를 머리로 하는 교회에 다니는 신실한 신자입니다."

그러자 치안판사 킬린이 물었다.

"우리가 묻는 것은 예배 참석을 위해서 교구에 속한 교회에 나갔느냐 하는 것입니다."

"그 교회에는 나가지 않았습니다."

"어째서입니까?"

"하나님의 말씀 가운데서 국교회에만 출석하라는 명령을 찾지 못했기 때문입니다."

"하지만 교회는 우리가 기도하는 장소입니다."

"그러나 성경 어디에도 '기도서'만 가지고 기도하라는 데는 없습니다."

영국국교회는 16세기 중반 이후부터 가톨릭교회와 똑같이 기도서를 만들어 예배 때 사용했다. 존 번연이 말한 기도서는 예배 때 쓰는 기도서를 가리키는 것이었다.

킬린이 다시 물었다.

"그럼 당신은 어떻게 기도합니까?"

"영으로 기도합니다. 사도 바울이 고린도전서 14장 15절에서 '내가 영으로 기도하고 또 마음으로 기도하며'라고 말씀한 대로 말입니다."

"물론 마음과 영으로 기도해야 하겠지만 마땅히 기도서를 사용해야 하지 않습니까?"

"천만에요. 기도서에 쓰여 있는 기도는 단지 사람이 만들어놓은 것일 뿐 성령으로 만들어진 것이 아닙니다. 사도 바울은 우리에게 영, 곧 성령으로 기도하라고 했지 기도서를 가지고 기도하라고 하지 않았습니다."

이때 다른 판사가 나섰다.

"그렇다면 당신은 기도가 무엇이라고 생각합니까?"

"어떤 이가 화려하고 유창한 말을 조리있게 늘어놓는다 하더라도 그것이 옳은 기도가 아닐 수 있듯이, 몇 마디 하고 마는 기도도 얼마든지 옳은 기도가 될 수 있습니다. 또 말을 하지 않더라도 그의 간구가 성령의 인도를 받는다면 그 기도는 영에 의한 기도라고 할 수 있습니다. 어떤 말, 어떤 형태로 표현되든지 예수 그리스도를 통해 자기의 마음을 하나님 앞에 그대로 쏟아놓는 것이 참된 기도입니다. 이런 기도는 기도서가 없어도 누구나 얼마든지 할 수 있습니다."

치안판사들은 그의 말을 듣고 머리를 끄덕였다. 사실 옳은 말이었기 때문이다.

다음에는 치안판사 스나그가 물었다.

"혹시 당신을 따르는 사람들에게 당신이 기도서를 써서 따라하도록 한 일은 없습니까?"

"맹세코 그런 일은 없었습니다."

그때 다시 킬린이 나섰다.

"어쨌든 우리가 기도서를 만들어 사용하는 일은 합당합니다. 예수님께서도 제자들에게 기도를 가르치셨고, 세례 요한도 그랬습니다. 그런데 우리가 기도서를 만들어 성도들을 가르치는 일이 왜 옳지 않다는 것입니까? '믿음은 들음에서 난다'라고 사도 바울이 말했습니다. 이 말은 사람이 다른 사람의 죄를 깨우쳐줄 수 있다는 말도 되지요. 그러니 기도서를 만들어 그런 역할을 하도록 하는 것은 무척 효과적입니다."

바로 이때 존 번연의 머리에 로마서 8장 26절의 말씀이 떠올랐다.

"사도 바울의 말씀은 그것만이 아닙니다. 사도 바울은 '성령도 우리의 연약함을 도우시나니 우리는 마땅히 기도할 바를 알지 못하나 오직 성령이 말할 수 없는 탄식으로 우리를 위하여 친히 간구하시느니라'라고 했습니다. 이 말씀을 주목하십시오. 우리가 어떻게 기도할 것인가를 가르쳐주는 것은 기도서가 아니라 '성령'입니다. 사도 바울은 성령이 우리의 연약함을 도와주신다고 했지, 기도서가 도와준다고 말하지 않았습니다."

그는 성경 말씀에 비추어 자신의 주장을 굽히지 않았다.

"누구든지 '하늘에 계신 우리 아버지'라고 입으로 부르기는 쉽습니다. 그러나 아버지의 이름을 성령으로 부를 수 있는 사람, 다시 말하여 거듭나는 일이 무엇인가를 알고 성령으로 태어나는 체험을 하고 난 후에 하나님을 진정한 의미로 아버지라고 부를 수 있는 사람은 많지 않습니다. 안타깝게도 대부분의 성도들은 교회에 가서 습관적으로 기도문을 외우고 돌아갈 뿐이지요."

재판정에 있는 많은 사람들의 존 번연의 의견에 귀를 기울였다. 그러면서 자신들의 의견을 주고받기도 했다.

"옳은 말이야."

"기도문을 읽어도 사실 큰 감동은 없었잖아."

이런 분위기를 타고 존 번연은 목소리를 높였다.

"조금 전에 사람도 다른 사람에게 어떻게 기도할 것인지 가르쳐줄 수 있고 그 죄를 깨우쳐줄 수도 있다고 말했지만, 따지고 보면 그것도 잘못된 논리입니다. 사람이 다른 사람에게 어떻게 기도할 것인지 가르쳐준다 하더라도 성령의 인도가 없이는 다 헛된 일이고, 다른 사람에게 죄를 일러줄 수는 있어도 그 죄를 진정 깨닫도록 만들어줄 수는 없기 때문입니다. 예수께서도 요한복음 16장 8절 이하에서 성령이 와서 죄와 의와 심판을 깨우쳐준다고 하지 않았습니까?"

이곳에 참석한 판사들 중에 아무도 존 번연의 논리에, 아니 성경에 근거한 그의 말에 반박하고 나서지 못했다.

시간이 좀 지나자 킬린이 입을 열었다.

"그럼 구체적으로 기도서를 반대하는 이유가 무엇입니까?"

"꼭 말씀드려야 합니까?"

"그렇소. 기도서에 대해 고의적으로 모독하는 말을 쓰면 안 됩니다. 그런 진술은 도리어 당신에게 해가 될 테니까."

"이 기도서를 반대하는 첫 번째 이유는, 기도서가 하나님의 명령이 아니기 때문입니다. 그래서 나는 기도서의 사용을 거부합니다."

그러자 킬린은 비꼬듯이 물었다.

"당신은 가령 엘스토에서 베드퍼드에 가야 한다거나 베드퍼드에서 엘스토에 가야 한다거나 할 때, 그 명령을 꼭 성서에서 찾아보고나서 떠납니까? 그리고 그런 명령이 성서에 없다면 그것은 하나님의 뜻이 아니기에 한 발자국도 움직이지 않습니까?"

"내가 엘스토에 가거나 베스포드에 가는 일은 일상적인 용무이기 때문에 성경 기록과는 상관없습니다. 그러나 하나님을 섬기는일로서 갈 때는 기록된 말씀에 근거하여 기도하고 결정합니다. 기도는 하나님께 드리는 예배에 있어서 매우 중요한 요소 가운데 하나입니다. 하나님 말씀의 법칙을 따르지 않고 어떻게 기도를 드릴수 있겠습니까?"

킬린은 논리에 맞지도 않는 주장을 했다.

"저 사람은 위험하기 짝이 없는 인물이오. 더 이상 말하지 못하도록 하시오."

그러나 존 번연은 물러나지 않고 계속 말을 이어갔다

"신구약성경에서 기도서를 만들어 사용하라고 말씀한 곳이 한 군데라도 있으면 보여주십시오. 그러면 나도 당신네가 만든 기도서를사용하겠습니다. 물론 나는 다른 모든 사람들까지도 다 기도서를 사용하면 안 된다는, 이른바 '기도서 무용론'을 주장하는 것은 절대아닙니다. 그러나 우리는 기도서가 없이도 얼마든지 하나님께 기도할 수가 있습니다."

그러자 다른 판사들도 존 번연에게 앞다투어 말했다.

"그대의 하나님은 누구인가? 악마들의 두목인 바알세불인가?"

"그에게 악령이 들린 것이 분명해."

"이건 우리 국교회를 철저히 모독하는 짓이야."

"저 따위의 말은 더 들어볼 필요도 없어."

이런 비난의 화살을 맞으면서 존 번연은 조용히 기도했다.

"주여, 저들을 용서해주소서."

그런 다음 그는 이어 말했다.

"나는 지금도 하나님께 감사를 드릴 뿐입니다. 사실 부족하고 보잘것없는 사람이었는데 하나님께서 성령으로 거듭나게 하시고, 그동안 수많은 사람들을 만나 권면하면서 더욱 놀라운 영적인 힘과 확신을 갖게 하셨습니다. 하늘이 주는 평화와 자유와 기쁨은 그 어디에서도 맛볼 수 없는 놀라운 은혜였습니다. 하나님께 영광을 돌립니다."

그러자 치안판사들은 일제히 비웃었다.

"이젠 헛소리까지 하는구만."

"제정신이 아닌 게 분명해."

"저런 녀석을 어떻게 심문한담."

한참 후에야 킬린이 질문했다.

"당신은 그동안 누구에게 허락받고 사람들 앞에서 설교했나요?"

"나는 내가 그리스도의 구원을 전하는 일이 얼마나 합법적인 것인가를 얼마든지 증명해보일 수 있습니다."

"그것도 성서의 기록으로?"

"물론입니다."

존 번연은 계속해서 말했다.

"베드로전서 4장 10절과 사도행전 18장…."

"잠깐, 여러 성경 구절을 들면 복잡하니깐 그중 하나만 드시오."

"그렇게 하지요. '각자 자기가 맡은 은사를 따라 하나님의 일을 맡은 선한 청지기로서 서로 봉사하시오', 그리고 '말을 하는 사람은 누구나 하나님의 말씀을 전파하는 자처럼 하고' 이런 기록이 계속되고 있는데, 이것이 베드로전서 4장 10절과 11절 말씀입니다. 이 말씀 한곳만 들어도…."

킬린이 존 번연의 말을 끊었다.

"내가 지금 그 성경 말씀의 의미를 설명해드릴까요?"

그러고는 그는 이어서 말했다.

"그곳에서 말하는 '각자 자기가 받은 은사'란 각 사람에게 주어진 '생업'을 가리킵니다. 그러니까 이 말씀은 누구나 자기 생업에 충실하라는 가르침인 거예요. 다 알고 있다시피 당신의 직업은 용접공입니다. 그러기에 당신은 용접일을 부지런히 하는 것이 하나님의 일을 충실히 감당하는 것입니다. 우리는 판사들이니까 판사 일에 전념하고 있듯이 말이에요."

존 번연은 그의 말에 반박했다.

"천만에요. 여기 각자가 받은 은사란 일반적인 직업을 가리키는 것이 아니라 하나님께 받은 성령의 직능을 가리킵니다. 생각해보십시오. 11절의 말씀에서 그 의미가 더욱 확연히 드러납니다. 일반 사람이 그냥 생각나는 대로 하는 말과 성령에 충만한 사람이 하나님의 말씀을 전파하는 말이 어떻게 같을 수 있겠습니까?"

존 번연이 계속 말하려고 하자, 킬린이 막으면서 말을 꺼냈다.

"당신이 집에 앉아 가게에 온 몇몇 사람에게 이야기해주는 정도라면 몰라도 여러 사람 앞에서 설교하는 일은 분명히 위법입니다."

"천만에요. 말과 설교를 구태여 다르게 만들려는 당신들 잘못이 더 큽니다. 자, 여기 어떤 사람에게 들려준 것이 선한 말이라고 합시다. 그런데 똑같은 말을 여러 사람에게 들려준다고 해서 그것이 악한 말이 됩니까? 한 사람에게 좋은 말은 누구에게도 좋은 말이 될 수 있습니다. 그런데 누구의 집에 앉아 몇 사람에게 하는 말은 죄가 되지 않고 같은 말을 여러 사람들 앞에서 하면 죄가 된다면, 나는 앞으로도 그 죄를 계속 범하겠습니다."

치안판사들은 더 이상 존 번연과 토론을 하고 싶어 하지 않았다. 그들의 목적은 그를 감옥에 넣는 것이었다.

"나는 사실 당신과 토론을 벌일 만큼 말과 성경에 능통하지는 못합니다. 자, 결론적으로 묻겠는데 당신은 기소장에 적혀 있는 그대로 인정합니까?"

"우리는 하나님의 말씀을 가지고 서로 권면하려고 모였을 뿐입니다. 내게 아무런 죄가 없다는 것을 다시 한 번 말씀드리고 싶습니다."

치안판사 킬린은 첫 번째 재판을 마치고 나서 존 번연에게 다음과 같이 판결했다.

"당신에 대한 판결을 내립니다. 다음 재판 때까지 3개월 동안 감옥에서 지내야 합니다. 그리고 이 기간 동안 국교회 출석을 계속해서 거부하거나 다시는 설교하지 않겠다는 결심을 표명하지 않으면 국외로 추방당할 것입니다. 그리고 추방 기간이 지났는데도 불구하고 국내에 머물러 있거나 국왕의 특별한 허락없이 다시 국내에 들어온다면, 교수형을 받게 될 것입니다. 그러니 당신은 이를 명심하고 신중히 행동해주기 바랍니다."

판결에 존 번연은 당당하게 외쳤다.

"당신들이 나를 어떻게 처리하든지 이것만은 절대로 양보할 수 없습니다. 만약 오늘이라도 감옥에서 나간다면 나는 내일부터 다시 사람들에게 구원의 복음을 전할 것입니다."

그러자 치안판사들은 그에게 폭언을 퍼부었다. 존 번연은 경찰들의 재촉에 재판정을 빠져나왔기 때문에 그 말들을 들을 수는 없었다.

그는 이때의 일을 훗날 다음과 같이 들려주었다.

당시에 내가 받은 판결은 누가 보아도 부당한 것이었다. 그런데 재판을 받을 때나 감옥으로 돌아왔을 때나 내 마음은 이상하리만큼 평안했다. 그리고 그때 나는 '내가 너희의 모든 대적이 능히 대항하거나 변박할 수 없는 구변과 지혜를 너희에게 주리라'라고 하셨던 그리스도의 말씀이 헛되지 않았음을 깨달았다. 그 모든 일들을 통해 주님께서 분명 내 안에서 선한 일을 시작하셨음을 느낄 수 있었다. 그런 확신 가운데서 오는 평안과 기쁨은 어느 누구도 빼앗아 갈 수 없었다.

치안 사무관의 방문

존 번연은 재판이 있은 후로 무려 12주 동안 감옥에 갇혀 있었다. 감옥 안에 있는 동안 불안과 초조가 순간순간 그의 마음을 흔들었지만 그런 상황 가운데서도 주님은 그를 곧게 지키셨다.

그러던 1661년 4월 어느 날, 치안 사무관인 파울 콥이 존 번연을 방문했다.

"안녕하십니까, 존 번연 씨."

"누구십니까?"

"치안 사무관인 파울 콥이라고 합니다."

"무슨 일로 저를 찾아오신 것입니까?"

"다음 재판이 열리기 전에 당신에게 권고하고 싶은 말이 있기에 왔습니다."

"…."

"나는 당신이 이 나라의 법을 따를 것을 권합니다. 다음 재판에서 당신에게 국외 추방 명령이 내려질지도 모르지 않습니까."

"국외로 추방당하든 그렇지 않든, 사실 내게는 그리 중요한 일이 아닙니다. 내 삶의 목적은 어디서라도 인간답게 그리고 그리스도인답게 사는 것이기 때문입니다."

"그렇다고 하더라도 당신이 영국에서 살고 있는 한 이 나라의 법을 따라야 할 의무가 있어요."

파울 콥은 숨을 고른 후에 말을 이었다.

"당신이 지금까지 개최한 집회는 엄연히 불법이기 때문에 당장 중지해야 마땅합니다. 이처럼 충고해주어도 만약 당신이 법을 따르지 않으면 치안판사들은 법에 따라 당신을 엄격하게 처벌하겠다고 했어요. 그들이 이런 말을 꼭 전해달라고 하여 오늘 내가 여기까지 찾아온 것입니다."

마치 협박처럼 들리는 파울 콥의 이 말에 존 번연은 매우 차분하게 대답했다.

"나는 법에 어긋나는 행동을 하지 않았습니다. 내가 재판을 받고 감옥에 들어오게 한 법은 종교적 행사를 가장한 집회를 통해서 반역을 도모하고 범죄를 은폐시키는 사람들을 규제하기 위해 제정된 것이니까요. 더 분명히 말하면 주님을 예배하고 서로 바른 신앙으로 살도록 권면하려는 선한 목적으로 모이는 사람들에게는 그 법이 해당되지 않습니다. 왜냐하면 이런 사람들의 모임은 하나님의 선을 행하고 그분께 영광을 올려 드리는 것일 뿐, 나라를 불안하게 하거나 치안을 어지럽히는 일이 아니기 때문입니다. 그런데 어찌 내가 법을 어겼다고 할 수 있겠습니까."

"어떤 경우든 법을 어기면 어려운 곤경에 처하게 됩니다. 당신도 들었겠지만 최근에 런던에서 일어난 사건도 겉으로는 종교적인 모임이었지만 실상은 이 나라를 전복시키려는 것이었으니까요."

1661년 1월에 토머스 베나를 중심으로 한 광신도 일당이 반란을 일으켰다. 다니엘서에 기록된 제5왕국의 출현을 외치면서 런던 중심가에서 무력 봉기를 일으킨 것이다. 그들은 무력을 사용해서라도 현 정권을 무너뜨리고 그리스도의 재림을 맞이해야 한다고 주장했던 것이다.

이 반란으로 수많은 런던 시민들이 살육을 당했다. 결국 광신도 일당들은 모두 체포되어 처형당하고 말았다. 그런데 지금 파울 콥은 존 번연의 집회를 그런 소요에다 연관시키고 있는 것이다.

그의 말을 조용히 듣던 존 번연은 대답했다.

"그들은 분명히 반란을 일으켰습니다. 하지만 그들이 그랬다고 해서 우리의 모임까지 그런 식으로 보면 안 되지요. 나는 우리 국왕의 통치에 지금까지 잘 복종해왔고, 한 사람의 그리스도인으로서 합당하게 처신하는 일이 나의 의무라는 사실도 잘 알고 있습니다. 아니 만약 기회가 주어진다면 나는 국왕에 대한 나의 충성심을 기꺼이 보여드릴 수 있습니다."

"하지만 번연 씨, 이 점 하나만은 분명히 말해두고 싶군요. 내 말을 잘 생각해보시기 바랍니다. 만약 당신이 사람들을 일부러 모으지만 않는다면 근처에 살고 있는 이웃 사람들에게 개인적으로 권면하는 일은 얼마든지 해도 괜찮습니다. 실제로 그런 일이 교회에도 큰 유익이 될 테니까요. 그런데 문제는 법을 위반하는 집회와 설교입니다. 이런 일을 다시는 하지 않겠다는 결의를 확실하게 보여줄 수는 없겠습니까?"

"나는 이 점에 대해 재판 때도 분명하게 말했습니다. 만약 나의 말이 어떤 한 사람에게 유익하다면 그것은 다른 많은 사람에게도 유익을 끼칠 수 있습니다. 그럼에도 불구하고 몇 사람에게는 괜찮은 말을 여러 사람들 앞에서 해서는 절대로 안 된다니 도대체 그런 법이 어디 있습니까?"

"하지만 당신의 그런 주장은 통하지 않습니다. 설령 당신의 말이 다 사실일지라도 번연 씨의 확실한 결정이 없는 한 당신의 집회는 계속 저지당할 것입니다."

"당신은 방금 전에 이웃 사람에게 개인적으로 권면하는 일은 분명히 괜찮다고 말했지요. 그렇다면 몇 사람은 악으로 유혹할 수가 없고, 반드시 사람이 많아야만 그들을 악으로 유혹할 수 있단 말인가요? 천만에요. 그처럼 앞뒤가 맞지 않는 말은 하지 마십시오."

"두말할 것 없이 당신의 집회는 불법입니다. 당신이 무슨 말을 하든 그것은 변함이 없습니다."

"당신도 잘 알고 있겠지만 지금 나를 투옥시킨 이 법은 엘리자베스 여왕 치세 제35년에 의회에서 통과되어 확정되었습니다. 그런데 이 법률이 제정될 당시만 해도 하나님의 법을 억압하거나 구원의 진리를 전하는 일을 훼방하려는 의도는 전혀 없었습니다. 엘리자베스 여왕 자신도 그런 일은 생각조차 할 수 없었겠지요. 그러나 지금은 어떻습니까? 인간의 법도 중요합니다만 제게는 하나님의 법이 더 중요합니다."

존 번연이 강하게 말했다. 파울 콥도 물러서려고 하지 않으며 말했다.

"우리가 문제 삼고 있는 점은 사람들이 종교 행사를 구실 삼아 국가 질서와 사회 질서를 어지럽히는 일이에요. 그러기에 현실적으로 법 시행은 반드시 필요합니다."

"물론 나도 그 점은 이해하고 있습니다. 그러나 가령 어느 지방 숲속에 가끔씩 산적이 나타나서 지나가는 주민들을 괴롭힌다고 합시다. 그렇다고 해서 그곳에 나타나는 자를 무조건 붙잡아 죽이라는 법을 만들어 시행한다면 어떻게 되겠습니까?"

콥은 그냥 듣고만 있었다. 존 번연은 말을 이었다.

"영국 안에 나라를 뒤엎으려는 역모자가 많이 있을지도 모르겠습니다. 하지만 그렇다고 모든 사적 집회를 불법으로 규정하면서 타도하려고 든다면 그 결과가 어떻게 되겠습니까? 물론 법을 어긴 자가 생기면 반드시 처벌해야 되겠죠. 또 그런 의미에서 나도 한 인간으로서 그리고 한 기독교인으로서 내 말과 행동에 어떤 잘못이 있으면 그에 합당한 벌을 받아야 마땅하겠지요. 나는 그동안 어디에도 알리지 않고 은밀하게 비밀 집회를 한 적도 있었습니다. 그러나 국가나 교회가 나에게 집회를 허락해주었다면 왜 그런 일이 생겼겠습니까?

만약 내가 나의 비밀 집회가 신앙생활에 비추어 교의적인 면이든 실천적인 면이든 잘못된 것이라면, 나는 나의 말을 들으려고 모인 사람들 앞에서 솔직히 잘못을 인정하고 사죄를 청하는 일에 조금도

주저하지 않겠습니다. 그리고 이제까지 내가 주장해온 일이 잘못이라는 증거가 있다면 지금 즉시 그 주장들을 기꺼이 취소하겠습니다. 어떻습니까, 콥 씨?"

"그러나 번연 씨, 나는 당신이 현실적으로 법에 위배되는 집회를 하지 않더라도 얼마든지 이웃 사람들에게 좋은 일을 행할 수 있을 것이라고 믿습니다. 목표만 분명하다면 방법이야 달리할 수 있지 않겠습니까. 그런데 굳이 법에 저촉되는 일을 고집합니까?"

"나는 참 부족한 사람이었습니다. 아주 작은 자에 지나지 않았는데도 불구하고 하나님께서는 내게 구원의 빛을 비추어주셨고, 또한 주님의 은혜를 통해 남을 구원하려는 나의 노력에도 크게 축복해주셨습니다. 그런데 어떻게 하나님께서 내게 주신 것을 하나님을 위해 사용하지 않겠습니까?"

"정중하게 충고하지요. 당신은 여러 사람 앞에 나아가 설교하려고만 들지 말고, 이제부터는 남의 설교에도 귀를 기울여 들을 줄 아는 겸손을 배우기 바랍니다. 지금까지 당신의 태도는 '나는 성경에 밝고 설교하는 재능도 있으니까 남의 말 따위는 들을 필요가 없다'라는 것입니다."

"내가 교만해보였다면 사과드립니다. 좋은 충고의 말씀입니다. 늘 잊지 않고 기억하겠습니다. 그러나 나는 나의 설교를 두고서 그것이 남을 가르치는 것이라고 생각하지는 않았습니다. 오히려 설교는 나 자신을 가르치는 것이라는 생각을 더 많이 했지요. 사실 나는 그리스도의 은혜를 입은 무식한 사람에 지나지 않습니다. 어쨌든 내가 먼저 배우지 않고서는 누구도 가르칠 수 없는 일입니다. 그러니 조금도 염려하지 마십시오."

"좌우간 당분간은 조용히 지내는게 좋겠습니다."

"위클리프의 말이 기억나지 않습니까? 사람의 파문이 두려워서 하나님의 말씀을 전하는 일을 중지한다면 그것은 이미 하나님으로 부터 파문을 당한 것이나 마찬가지이며, 심판날에는 반드시 그리스도를 배역한 자로 드러날 것이라고 하지 않았습니까."

"마지막 충고이니 잘 들으십시오. 다음 재판 때는 국법을 존중하여 반드시 따르겠다고 말하십시오. 그래야만 국내에 머물러 살면서 좋은 일을 할 수 있을 테니까요. 만약 당신이 바다 건너 머나먼 외국의 어딘가로 추방된다면, 당신 자신은 물론이고 그 누구에게도 득이 되진 않겠지요."

"나는 국내에 있는 동안 하나님을 두려워하면서 정직하게 살고 싶습니다. 그러나 만약 당신이 말한 조치가 내게 내려진다면, 하나님께서는 틀림없이 내게 그런 처벌을 감당할 만한 힘을 주실 것입니다. 하지만 나는 그런 처벌을 받을 만큼 나쁜 행동을 한 적이 없습니다. 나의 행적은 하나님이 다 알고 계십니다."

존 번연은 마지막으로 단호하게 말했다.

"예수님께서도 빌라도에게 '위에서 주시지 않았다면 내게는 아무 권한이 없었을 것이다' 라고 말씀하셨습니다. 그런데도 주님은 빌라도의 그 권한에 의해 결국 죽음을 맞이하게 되지요. 그렇지만 예수님의 죽음은 이미 하나님의 뜻이었습니다."

파울 콥은 더 이상 대꾸하지 않았다.

두 사람은 상당히 오랜 시간 대화를 나누었다. 그러나 합의된 점은 아무것도 없었고, 두 사람의 생각은 여전히 평행선을 긋고 있었다. 육신적인 견해와 영적인 견해가 어찌 합치될 수 있었겠는가.

감옥에서 《천로역정》을 쓰다

　　　　　　　　　　　존 번연의 두 번째 재판날이
가까워졌을 때, 마침 국왕의 대관식이 있었다. 이때 대관식을 통해
왕의 자리에 오른 사람은 찰스 2세였다. 그는 1661년 4월 23일에 즉
위했다. 어느 나라나 그렇지만 그런 경축일을 맞으면 국왕이 대사면
을 통해 많은 죄수들을 풀어준다. 이번에 찰스 2세의 즉위 때도 대
사면을 준비하고 있었다.

　　그러나 존 번연은 그런 사면을 원하지 않았고, 또 이제까지도 미
결수(법적 판결이 아직 나지 않은 피의자)와 다름이 없었기 때문에 사면을
통한 석방을 청할 수도 없었다. 하지만 그의 아내 엘리자베스는 남
편의 석방을 위해 백방으로 노력했다. 비록 남편이 미결수이기는 했
지만, 대사면은 국왕이 대관식을 치른 후 일 년간 계속 주어졌기 때
문에 좋은 기회라고 생각하고 최선을 다할 수밖에 없었다.

두 번째 재판은 1661년 5월 초에 열리기로 되어 있었다. 엘리자베스는 이 재판에서 법률상 가능한 수단을 다 써볼 생각이었다. 그래서 이 재판에서 유리한 결과를 얻어 내려고 미리 두세 명의 판사에게 진정서를 제출했다. 물론 존 번연은 아내가 이런 일을 하고 있다는 것을 전혀 몰랐다.

엘리자베스는 얼마 후에 헤일 판사를 만나러 법원에 갔다. 헤일은 비국교도에게도 이해심이 많은 재판관이었고, 얼마 전에 엘리자베스로부터 진정서를 받기도 했다.

"헤일 판사님 맞습니까?"

"그렇습니다. 당신은 누구입니까?"

"얼마 전에 진정서를 드린 존 번연의 아내입니다."

"진정서는 잘 받았습니다. 그런데 어떻게 왔습니까?"

"아무래도 직접 찾아뵙고 사정을 말씀드리는 것이 더 나을 것 같아서요."

"알겠습니다. 그렇지 않아도 그의 사면을 위해 최선을 다해 노력하려고 했습니다. 하지만 법이라는 것은 냉정해서 뜻대로 잘될지는 모르겠습니다."

바로 이때였다. 치안판사 체스터가 다가오더니 찬물을 끼얹듯이 끼어들었다.

"아, 존 번연이라는 작자 말이군. 그 사람은 법정에서 유죄 판결을 받은 자나 마찬가지야. 보통 교만한 사람이 아니거든."

엘리자베스는 낙심하지 않고 헤일에게 부탁했다.

"헤일 판사님, 우리 남편은 불법으로 체포당했을 뿐만 아니라 지난 번 재판에서도 공평한 판결을 받지 못했어요."

"물론 가족으로서 그런 생각도 들겠지요. 하지만 판결은 어디까지나 피고의 범법 사실에 근거하여 내려진 것이기 때문에 반드시 공평한 판결이 아니었다고는 말할 수는 없습니다."

"우리 남편은 죄를 인정하지도 시인하지도 않았는 걸요."

"고소당한 죄목이 중요하지, 피고의 시인 여부는 그렇게 중요하지 않습니다."

"우리 남편은 몇 차례의 모임을 통해 사람들에게 단지 하나님의 복음을 들려주었을 뿐이라고 진술했어요. 그 외에 다른 말은 없었지 않습니까?"

이때 맞은편에 앉아 있던 트위스톤 판사가 큰소리로 엘리자베스를 몰아쳤다.

"이봐요, 번연 부인! 그게 무슨 소리요. 그럼 우리가 거짓으로 당신 남편의 죄를 썼다는 말입니까? 당신 남편은 분명히 법을 어겼고, 그래서 유죄 판결을 받을 수밖에 없었던 것입니다."

"하지만 제 남편은 아직 재판이 다 끝난 게 아니지 않습니까?"

"절차만 조금 남았을 뿐, 다 끝난 것과 마찬가지입니다."

"그래도…."

이때 트위스톤 판사가 다그쳐 물었다.

"그렇다면 부인께 묻지요. 당신 남편이 설교를 그만두도록 만들 수 있습니까? 그럴 용의가 있다면 불러오십시오."

"판사님, 제 남편은 무슨 일이 있어도 설교를 그만두려고 하지는 않을 거예요."

"그럼 더 이상 여기에서 이렇게 있을 필요도 없잖소."

"제 남편도 가족과 함께 평안하게 살고 싶어하는 보통 사람에 지나지 않습니다. 게다가 판사님, 저희에게는 어린 자녀가 네 명이나 있어요. 그리고 그중에 한 명은 앞을 보지 못하고요. 그러다보니 남편이 갇히고 나서는 먹고 살아가기가 여간 힘든 게 아니에요. 제발 자비를 베풀어주십시오."

이때 헤일 판사가 나섰다.

"자녀가 네 명이나 된다구요? 부인은 아직 젊어 보이는데…."

"전 아이들의 새엄마예요. 결혼한 지 2년이 채 되지 않았지요. 저는 남편이 체포당할 때 그 충격으로 배 속에 있던 아이까지 잃고 말았습니다."

"그것 참 안된 일이군요. 당신 남편의 직업은 무엇이었습니까?"

"용접공이에요."

엘리자베스의 처지를 딱하게 여겼는지 판사들은 충고를 해주었다.

"당신의 남편을 감옥에서 나오게 하려면 확실한 방법이 하나 있습니다."

"그게 뭐죠?"

"직접 국왕께 청원하는 거예요. 사면을 간청하는 방법입니다."

"…."

"어쨌든 별 도움을 드리지 못해서 미안합니다."

엘리자베스는 난감했다. 자신으로서는 더 이상 어떻게 해볼 도리가 없었다. 엘리자베스는 눈물을 흘리며 돌아서 나왔다.

그런데 이상한 일은 존 번연은 그 후로 두 차례나 재판 소환을 받지 않았다는 것이다. 그는 미결수의 신분으로 일 년을 감옥에서 지내야 했다.

　그러다가 존 번연은 이듬해인 1662년 1월 19일이 되어서야 다시 법정에 서게 되었다. 그는 국교회를 따르겠다는 뜻을 보여주지 않아 결국 '종신 추방령'을 선고받았다. 실형으로서는 최고의 벌이었다.

　그런 판결을 받고도 존 번연은 조금도 당황하지 않고 예상했던 일이라는 듯이 담담히 하나님께 기도했다.

　"하나님! 이 형벌을 감당할 만한 힘을 주소서. 어떤 상황 가운데서도 용기를 잃지 않고 더욱 꿋꿋하게 살아가게 하소서. 분명히 더 큰일을 준비하고 계신 줄 믿습니다."

　그런데 존 번연이 법정에서 종신 추방형이라는 극형을 선고 받았는데도 불구하고, 무슨 이유인지 당국은 형을 집행하지 않고 그를 계속 감옥에 가두어두었다. 종신 추방령이 너무 터무니없는 형벌이라는 여론이 일어났는지도 모를 일이었다.

　어쨌든 이렇게 하여 존 번연은 그 후로 5년 3개월 동안이나 감옥 생활을 계속했다. 체포당하고 무려 6년 동안이나 감옥생활을 한 셈이었다. 그리고 그 후 그는 비국교도를 사면하는 법령이 선포되어 자유의 몸이 되었다.

　그러나 그는 반년도 채 지나지 않아서 전과를 뉘우치지 않는다는 죄목으로 다시 체포되어 6년 동안의 옥고를 치렀다. 국교도들의 신앙을 그대로 따르지 않는다는 이유 하나만으로 1672년까지 12년 동안이나 감옥살이를 했던 것이다.

그러나 그처럼 길고 긴 옥중생활이 본인의 신앙에나 그를 아끼면서 따르던 수많은 양심적인 성도들에게도 결코 무익한 것이 아니었다. 감옥에 있는 동안 개인적 신앙이 정금처럼 연단을 받았을 뿐 아니라 《죄인의 괴수에게 넘치는 은혜》 그리고 지금까지도 사랑받는 《천로역정》 등을 집필했다. 사도 바울이 감옥에서 옥중서신을 보냈듯이 존 번연은 감옥에서 전 세계의 영혼을 일깨우는 놀라운 책을 썼다.

《천로역정》은 지금까지 120여 개의 외국어로 번역되었다. 그리고 오늘에 와서는 복음이 들어간 나라에는 으레 성경과 함께 출판되어 널리 읽힌다. 이 책은 주인공 크리스천이 천국을 향해 가는 여행 이야기로, 제1부는 1678년에 출판되고, 제2부는 1684년에 출판되었다. 존 번연은 이 책을 쓰면서 참고한 책은 성경과 《폭스의 순교자》 두 권뿐이었다.

존 번연은 출옥했다가 반년도 채 못되어 재수감된 시기에 이 책의 1부를 집필했다. 이 책은 출판되자마자 크게 인기를 얻어서 그가 살아 있을 때 벌써 10판을 출간했고, 그 사이에 수십만 부가 읽히게 되었다. 이 책은 한국에서도 최초로 번역된 기독교 고전이다. 그리고 우리나라에서도 역시 성경 다음으로 널리 읽히기도 했다. '천로역정'이라는 제목은 중국어 번역을 그대로 따온 것인데, 중국어 역자는 선교사 윌리엄 번즈였다.

존 번연이 이 책을 집필한 첫 번째 동기는 두말할 것 없이 자기가 겪은 고난과 내적 갈등에 있었다. 그는 그런 고난과 갈등을, 신앙을 향한 여행으로 설정하여 표현한 것이다. 그리고 두 번째 동기는 깊은 신앙에서 비롯된 인류에 대한 사랑이었다.

존 번연은 일생 용접공으로서 생계를 유지해온 사람이기에 학식이 깊지 않아 문장이 유려하지 않았고, 맞춤법과 문법이 틀린 곳도 많았다. 그러나 그에게 숨겨져 있던 천부적인 글솜씨가 이 책을 통해 드러났다. 어떤 사람은 이 책을 읽으면서 영문학의 진미라고까지 칭찬을 아끼지 않았다.

영국의 시인 브라우닝은 이 책을 읽고 나서 이런 말을 했다.

> 한낱 용접공에 지나지 않았던 사람이 이처럼 놀라운 필력을 가지고 있었다고는 생각조차 할 수 없다. 나는 하나님께서 그를 통해서 친히 말씀하셨다고 확신한다.

물론 존 번연이 이 책을 집필한 당시에는 그것이 후대에 불후의 걸작으로 남으리라고는 전혀 생각하지 못했다. 그런데 그것이 마침내 세계적 걸작이 되며 급기야는 대를 이어 기독교 고전으로 자리잡은 것이다.

《천로역정》이 책으로 만들어져 나올 때도 우여곡절이 많았다. 존 번연은 면회를 온 친구인 토머스 마솜에게 탈고한 원고 뭉치를 꺼내 보이면서 말했다.

"그동안 내가 이곳에서 써온 글이야. 잠깐 읽어보고 소감이라도 한마디 해주면 좋겠어."

마솜은 잠시 뒤적여보더니 말했다.

"이런 도깨비 같은 이야기가 어디 있담. 이런 걸 책이라고 만들어 내놓으면 자네는 세상에서 웃음거리 밖에 안될 걸?"

"그래? 그러면 좀 더 생각해봐야겠군."

"생각해볼 것도 없어. 쓰레기통에 버리는 게 나을 거야."

존 번연은 우울해졌다. 그러다가 이 글을 책으로 만들자는 쪽으로 마음이 기울어 세상에 선을 보이게 된 것이다. 자칫하면 《천로역정》이 쓰레기통으로 사라질 뻔했다.

이 책이 나오자 사람들의 관심은 예상을 뛰어넘었다. 웃음거리가 되기는커녕 날개 돋친 듯이 팔려나갔다. 독자층도 매우 다양해서 정부의 고관부터 군인, 의사, 교사, 농부, 상인, 마부 등 모든 신분의 사람들이 책을 샀다.

존 번연은 성경에서 얻은 신앙 지식만을 가지고 이 작품을 쓰기 시작했다. 그리고 꿈의 형식을 빌려 풍부한 상상력을 발휘하면서 이야기를 아주 흥미있게 전개시켜 나갔다.

존 번연이 어떤 굴 속에서 자다가 꿈을 꾸면서 이야기가 시작된다. 남루한 옷을 걸친 한 사람이 무거운 짐을 등에 지고, 책을 읽으면서 걸어가고 있었다. 그는 혼자서 장망성(장차 망할 성)인 고향을 떠나고 있었다.

이 사람은 과연 누구일까. '크리스천'이라고 불리는 주인공이 험악한 세상에서 구원의 길을 찾아 헤매는데, 이는 모든 인간의 표상으로 그려진다.

크리스천이 가는 길에는 온갖 유혹과 고난과 시련, 위협과 싸움과 시험이 차례로 기다리고 있었다. 때로는 악덕과 싸워야 했고, 무고하게 감옥에 갇히기도 했다. 또 죽음과 맞닥뜨리기도 했다.

그렇다고 그 길에 역경만 있는 것은 아니다. 어떤 때는 시원한 안식처를 만나기도 하고, 즐거운 궁전이 나타나는가 하면, 높은 산정에 올라가 천국을 바라다 볼 수도 있다. 아무리 험악한 여행길이라고 하더라도 진리가 비추어주는 소망의 빛은 밝다.

《천로역정》의 1부는 신앙적 깨우침, 다시 말하면 악의 생활에서 돌아서서 믿음을 가지고 천국으로 향해 가는 여행을 주제로 삼고 있다. 여기에 나오는 장소와 인물들 모두가 성경에 나오는 용어를 사용했다. 이 작품이 우화성을 짙게 띠고 있는 이유가 바로 거기에 있다. 2부는 크리스천의 아내와 자녀의 순례이다. 남은 가족도 천성을 향해 간 크리스천을 따라 떠나는 1부의 속편이라고 일컬을 수 있는 작품이다.

날씨가 쾌청한 어느 날 아침에 크리스천의 아내인 크리스티나는 자녀와 다정한 친구인 자비 씨와 함께 집을 떠난다. 앞서 간 남편의 뒤를 따른 것이다. 그런데 그녀가 걷는 길에는 어두운 면보다 밝은 면이 더 많이 나타난다. 슬픔과 눈물 대신 사랑과 기쁨이 더 많다. 1부가 존 번연 자신이 겪은 고난을 묘사한 것이라면, 2부는 인류에 대한 그의 사랑을 표현한 것이다.

존 번연은 자신의 감옥생활을 압축해서 다음과 같이 설명했다.

감옥살이는 고통스러웠지만 나는 그 고통 속에서도 하나님의 은혜의 깊이를 아주 세심하게 느낄 수 있었다. 그런 은혜로 인해 나는 감옥생활 내내 세상 그 어떤 자유와 기쁨과도 비교할 수 없는 잔잔한 평안과 기쁨을 느낄 수 있었다. 물론 감옥에 있는 동안 사탄은 걷잡을 수 없는 불안과 초조와 회의 속에 나를 몰아넣기도 했지만, 주님은 결코 내가 쓰러지지 않게 나를 더욱 굳건히 세우셨다. 그 기간에 내가 얻은 깨달음과 교훈과 확신은 그 어떤 시련도 능히 이길 수 있게 했다.

내가 그동안 겪은 일들을 일일이 소개할 수는 없다. 그러나 히브리서 13장 6절 말씀은 감옥생활 내내 내겐 큰 힘이 되었다. "그러므로 우리가 담대히 말하되 주는 나를 돕는 이시니 내가 무서워하지 아니하겠노라 사람이 내게 어찌하리요 하노라." 그 외에도 요한복음 14장 1-4절, 베드로전서 1장 8절은 감옥생활 동안 위로와 용기를 얻을 수 있는 말씀이었다.

이렇게 존 번연은 감옥생활을 통해 더욱 기도와 말씀을 보는 데 힘쓸 수 있었고, 더 깊은 하나님의 세계에 몰두할 수 있는 기회가 되었다.

그는 이런 일에 대해 이렇게 말했다.

사실 나는 그때처럼 하나님의 말씀에 깊이 심취한 적이 없었다. 전에는 별 의미 없어 보였던 말씀들이 생생하게 다가왔다. 말씀 속에서 만나는 주님과의 깊은 교제는 그 어떤 두려움과 불안도 물리치게 했고 나를 확신 가운데 거하게 했다.

한편 나는 감옥에 갇히기 이전까지만 해도 고난과 시련을 만나면 하나님께서 정말 내 편이 되어 나를 돕고 계신가 의심하곤 했다. 그러나 감옥에 갇힌 후부터는 그 어떤 번민과 시련 속에서도 단 한 번도 내가 하나님께 버림을 받았다는 의심을 가져본 적이 없다.

내가 심약해졌을 때는 내 그림자를 보고서 놀라기도 했는데, 친절한 하나님께서는 그때에도 나를 위로해주셨다. 그분은 내가 괴로워할 때도 함께 고민하며 그 문제의 해결책을 찾아주셨다. 물론 주님의 계시는 늘 말씀을 통해서 이루어졌다.

존 번연이 감옥생활 초기에 가졌던 걱정은, 첫째로 이 감옥생활이 길어진다면 어떻게 견딜까 하는 것이었고, 둘째로 만약 감옥에서 죽어야 한다면 어떻게 대처할 것인가, 그리고 셋째로 만약 어느 때라도 선고받은 대로 추방을 당한다면 이 일을 어떻게 감당할 것인가 하는 것이었다. 그의 입장에서는 피할 수 없는 고민이기도 했다.

그러나 존 번연은 이런 고민들을 성경 말씀을 통해 하나씩 풀어나갔다.

그의 영광의 힘을 따라 모든 능력으로 능하게 하시며 기쁨으로 모든 견딤과 오래 참음에 이르게 하시고 골 1:11

이 말씀을 읽고 그는 그에게 다가오는 모든 고난을 잘 참고 견딜 능력을 달라고 기도했다. 그는 기도의 힘으로 오랜 고통 속에서도 인내하며 잘 견딜 수 있었다.

두 번째 번민에는 고린도후서 1장 9절 말씀이 큰 힘이 되었다.

우리는 우리 자신이 사형 선고를 받은 줄 알았으니 이는 우리로 자기를 의지하지 말고 오직 죽은 자를 다시 살리시는 하나님만 의지하게 하심이라

이런 말씀을 읽으면서 존 번연은 말씀 그대로 믿고 따라 살려면 자기 자신뿐만 아니라 자기와 관계된 모든 것에도 사형 선고를 내리지 않으면 안 된다는 사실을 깨달았다. 그러지 않고서는 하나님을 절대적으로 신뢰할 수 없기 때문이다.

세 번째 번민에는 힘이 되는 말씀을 얼른 찾을 수가 없었다. 그러다가 그는 요한복음 14장 1,2절 말씀에 큰 위로를 받았다.

너희는 마음에 근심하지 말라 하나님을 믿으니 또 나를 믿으라 내 아버지 집에 거할 곳이 많도다 그렇지 않으면 너희에게 일렀으리라 내가 너희를 위하여 거처를 예비하러 가노니

이 말씀을 읽고서 그는 현실적인 고난을 견뎌내는 최선의 방법은 장차 임할 하나님나라의 영광을 바라면서 더욱 그리스도만을 의지하는 것이라는 확신이 들었다. 추방령이나 교수형을 받더라도 그 어느 상황 속에서도 자신과 함께할 수 있는 이는 예수 그리스도밖에 없기 때문이다.

존 번연은 하나님께 자기가 설사 욥처럼 "무덤더러 너는 내 아비라, 구더기더러 너는 내 어미, 내 자매라" 하는 지경이 되더라도 절대로 주님의 약속을 잊지 않게 해달라고 기도했다.

감옥생활이라는 극한 상황에서 그에게 절대적인 믿음이 없었다면 국교도들에게 굴복하고 말았을 것이다. 아니, 사실 하나님께서 그에게 그런 굳은 신앙을 만들어주시려고 감옥이라는 상황을 허락하셨는지도 모른다.

그러나 존 번연에게 있어 감옥에서의 고통보다도 더욱 견디기 어려운 것은, 자기가 감옥생활을 하는 동안에 아내와 네 명의 자녀가 겪게 될 생활고였다. 그들의 고통을 생각하면 마음이 아파서 더욱 하나님께 매달리지 않을 수 없었다.

그는 이런 곤경에 대해 훗날 다음과 같이 말했다.

> 나는 당시 내게 닥친 번민들을 신앙으로 극복해갔지만, 그럼에도 불구하고 나는 역시 한 평범한 인간에 불과하며 여전히 연약한 존재에 지나지 않는다는 사실을 냉철하게 깨달을 수밖에 없었다. 내가 감옥에 갇혀 지냈기 때문에 처자식의 생계가 위협을 받았다는 것은 정말 견디기 힘든 고통이었다. 그런 상황에서도 내가 할 수 있는 일은 단지 기도뿐이었기에 더욱 마음이 아팠다. 나 때문에 가족들이 겪고 있을 고통을 생각하면 내가 감옥 안에서 겪고 있는 고통은 사실 아무것도 아니었다. 하루 이틀도 아닌 몇 년 동안 이어진 가족들의 궁핍한 생활을 생각하면 잠이 오질 않았다.

또한 존 번연에게는 늘 가시처럼 따라다니는 아픔이 있었는데, 그것은 큰딸 메리가 앞을 보지 못한다는 것이다. 큰딸을 생각할 때면 가슴이 미어지도록 아팠다. 아버지로서 잘 보살펴주지 못했고 잘 먹이고 입혀주지도 못했다는 생각을 하면, 무엇으로 딸에게 미안한 마음을 전해야 할지 몰랐다. 그가 감옥에 갔을 당시 큰딸 메리는 열 살이었다.

"아빠, 오늘은 언제 오세요?"

"응, 집회만 마치면 금방 돌아올 거야."

"아빠, 빨리 오세요."

"알았어. 사랑하는 메리야."

삼셀에서 집회가 열리던 날, 존 번연은 메리와 대화를 나누면서 번쩍 안아올려 입을 맞추고 나서 집을 나섰다. 그런데 바로 그날 그는 체포당해 집에 돌아가지 못하고 말았다.

그때를 생각하면 그의 가슴은 갈가리 찢어지는 것 같았다. 큰딸을 생각할 때마다 존 번연은 마음 속에서 울부짖었다.

'가엾은 내 딸, 메리! 이 세상에 너처럼 불쌍한 아이가 또 어디에 있겠니. 온 가족이 구걸하러 나선다고 해도 너는 그것조차 못할 상황이니…….'

존 번연이 애타게 걱정하던 큰딸은 결국 아버지보다 먼저 세상을 떠나고 말았다.

최후의 유혹

                  사랑하는 가족들 때문에 오랫동안
고통스러워 하던 존 번연은, 이 일도 결국 하나님께 달려 있음을 깨
닫고 하나님께 믿음으로 모두 맡기기로 했다.

    그는 신앙으로 그 문제를 해결하기 위해 조용히 자문자답을 했다.

    '지금 네 고통이 어떤 것이냐?'

    '나는 감옥에서 굶어 죽어도 괜찮지만 굶주린 아내와 자식들을
생각하면 견딜 수가 없어.'

    '하지만 네가 아무리 마음 아파하고 고통스러워한다고 해도 해결
방법이 생기는 것은 아니잖아. 그들의 문제도 모두 하나님께 맡기는
게 최선이야.'

    '나도 알아. 하지만 하나님께 다 맡기고 평안한 마음을 가지려고
해도 그렇게 되지 않아. 고통스러운 마음이 사라지지 않는다고.'

'그래도 별 수 없는 일 아니야?'

'물론 그렇지. 하지만 이렇게 속수무책으로 걱정만 해야 하는 나 자신이 너무 괴롭다.'

'사무엘상 6장에 기록되어 있는 말씀이 생각나니? 법궤를 끌고 가야 했던 두 마리의 암소에 대한 이야기 말이야.'

'…'

'그 두 마리의 소는 결국 어떻게 되었지?'

'법궤의 수레를 끌고 가기 위해서 송아지들을 떼어 집으로 돌려보내야 했고, 목적지까지 가서는 번제물이 되어야 했어.'

'법궤를 하나님의 백성에게 돌려주기 위하여 자기 새끼들을 버려두고서 수레를 메어야 했던 일과 결국엔 자기들 몸까지 번제물로 바쳐 버린 일. 그처럼 숭고한 희생이 어디 있겠어.'

'정말 감동스러운 희생의 이야기이다.'

'그렇다면 너도 하나님의 백성에게 구원의 법궤를 옮겨다주기 위해 그 사명을 마지막까지 잘 감당할 수 있다면 얼마나 좋겠느냐. 주께서도 한번 쟁기를 잡은 자는 절대로 뒤를 돌아봐서는 안 된다고 하셨잖아.'

'오, 주여!'

존 번연은 내면의 대화를 통해 마침내 자기의 짐을 십자가 밑에 내려놓을 수 있었다.

그는 당시의 심경을 훗날 다음과 같이 들려주었다.

나는 그때 이렇게 생각할 수밖에 없었다.

'지금 내가 하나님께 모든 일을 다 내어맡긴다면, 나는 하나님으로부터 나와 관계된 모든 일을 반드시 돌봐주시겠다는 약속을 얻어낸 것과 다름없다. 그런데 만약 내가 가족들의 생계 문제에 짓눌려 하나님의 뜻을 외면하고 저들의 요구에 따르겠다고 약속하고 감옥에서 나간다면, 나는 결국 변절자가 되는 것이 아닌가.

물론 하나님을 맹신하면서 현실적인 절실한 문제들을 내팽개쳐 둔다면 그처럼 무책임한 일도 없을 것이다. 그러나 아무리 절박한 위기일지라도 오직 기록된 말씀에 근거하여 모든 일을 전폭적으로 하나님께 맡기고 의연한 태도를 가진다면 이것이야말로 정말 바람직한 신앙이다. 예레미야서 49장 11절에도 "네 고아들을 버려도 내가 그들을 살리리라 네 과부들은 나를 의지할 것이니라"라고 하지 않았는가.

그리고 또 한 가지, 나로 하여금 법궤의 수레를 멘 두 마리의 암소처럼 그 길을 걷자는 비장한 결심을 하도록 한 것은, 가룟 유다가 눈앞의 이익을 위하여 스승인 예수님을 팔아넘긴 끔찍한 일이 경고가 되었기 때문이다. 유다가 주님을 팔았던 것은 이기심을 극복하지 못했기 때문이다. 그래서 그는 마침내 배신자라는 낙인을 받았고, 사도라는 귀중한 직분까지 빼앗기고 비극적인 종말을 맞이하지 않았던가. 가룟 유다의 삶은 그 당시 나의 마음에 경종을 울려주는 도전적인 메시지였다.'

존 번연은 당시에 자기의 영적인 위기만 아니라 가족들의 영적 위기도 생각하지 않을 수 없었다. 만약 자기가 가족들의 생계를 해결하기 위해 신앙을 버린다면 가족들도 그에 따라 영적 영향이 미칠 것이 틀림없었기 때문이다.

그래서 그는 이 점에 대해 훗날 다음과 같이 말했다.

> 한 가지 더 생각하지 않으면 안 되는 일이 있었다. 내가 눈앞의 고통이 두려워서 하나님 앞에서 그리스도의 길을 버릴 경우 그 대가가 무엇보다도 더욱 가혹할 수밖에 없는 것은, 나 하나만 지옥에 떨어지고 마는 것이 아니라 나로 말미암아 처자식들까지도 하나님으로부터 멀어지게 할 것이기 때문이었다.
>
> 그래서 나는 설사 가족들이 가난으로 고통을 겪는다고 하더라도 하나님 한 분만 붙잡아야겠다는 결심을 할 수밖에 없었다.

가족들의 생계 문제 때문에 겪는 고민과 고통은 무엇보다도 어려운 싸움이었다. 하지만 존 번연은 주님의 은혜로 그 싸움에서 벗어날 수 있었고, 그 과정을 통해 더욱 성숙한 신앙을 가지게 되었다.

그러나 존 번연을 넘어뜨리려고 하는 사탄의 시험은 계속되었다. 이번에는 최악의 혼란을 일으켜 그로 하여금 비틀거리도록 했다. 감옥생활 도중에 교수형을 받을지 모른다는 생각이 들면서 불안과 두려움이 엄습해온 것이다.

어느 날 밤, 사탄 곧 유혹자는 조용히 존 번연에게 다가서더니 그의 귀에다 입을 바짝 대고서 소근대기 시작했다. 유혹의 소리는 그의 마음속에 슬며시 자리잡더니 계속하여 그의 마음을 불안으로 충동질했다.

'그대는 최종 재판에서 어떤 선고를 받았지?'

'종신 추방령.'

'종신 추방령에 따른 부차적인 형벌이 또 있지 않은가?'

'있지. 법원에서 지정해준 날짜 안에 국외로 떠나지 않고 국내에 머물고 있다든가, 아니면 국왕의 허락이 없이 외국에서 국내로 숨어들어오는 일이 들키기라도 하면 교수형을 받게 돼.'

'그렇다면 그대는 지금 어떻게 되어 있는가. 아직까지 국외로 추방당하지 않고 있잖은가. 왜 형이 집행되지 않은 거야?'

'사실은 나도 잘 모른다. 왜 나를 추방하지 않고 이곳 감옥에 계속 가두어두고 있는지.'

'혹시 이런 일은 당국의 계략 아닐까?'

'계략이라고?'

'그래. 그대를 추방할 것도 없이 적절한 때가 오면 곧바로 교수대에 올리기 위한 계략. 그래서 일부러 감옥에 가두어두는 것이 아닐까?'

'설마!'

'설마라니, 당국이 그대를 죽이려고 든다면 그럴 수도 있는 거지.'

'내가 일부러 법을 어기거나 반란을 일으킨 것도 아닌데….'

'엄연히 말하면 그대가 지금 추방령을 따르지 않고 있잖은가.'

'교수형을 받을 만큼 죄를 지은 적이 없었어. 사실 지금 이 감옥

살이도 억울한 일이라고.'

'하지만 그것은 어디까지나 그대의 사정이지. 당국이 그대를 대하는 태도는 그렇지 않잖아. 그들은 너를 내란 주동자쯤으로 여기고 있는 게 분명해.'

'…'

존 번연은 갑자기 가슴이 두근거리며 떨렸다. 자기를 향한 당국자들의 앙심이 금세 자신을 교수형으로 몰아세울 것만 같았다.

'나의 감옥생활이 교수형으로 끝날지 누가 알겠어!'

이런 생각은 정말 존 번연을 더욱 불안하고 초조하게 만들었다. 죽음은 모든 것을 떠나서 자기 인생의 끝을 의미하는 것이었기에 더욱 그랬다. 그러나 그는 한동안 그런 시험에 시달리다가 히브리서 11장 37,38절 말씀에 힘을 얻었다.

> 돌로 치는 것과 톱으로 켜는 것과 시험과 칼로 죽임을 당하고 양과 염소의 가죽을 입고 유리하여 궁핍과 환난과 학대를 받았으니 (이런 사람은 세상이 감당하지 못하느니라) 그들이 광야와 산과 동굴과 토굴에 유리하였느니라

그러나 막상 유혹자의 말을 듣고 나면 굳은 결심은 어디론가 사라지고 그 자리에는 공포와 두려움만 가득했다.

존 번연이 이처럼 두려움에 질려 떨기 시작하자, 유혹자는 더욱 집요하게 존 번연의 마음을 흔들어놓았다.

'이것 봐. 대개의 성도들은 평소에는 죽음에 대해 어떻게 대처하

겠다고 각오하지만, 막상 자기 눈앞에 죽음이 덫처럼 덮쳐오면 그런 각오는 쉽게 무너지고 말지. 생각과 현실은 하늘과 땅만큼이나 차이가 나기 때문이야.'

유혹자는 말을 이었다.

'지금 곧 그대가 교수형을 당한다고 생각해 봐. 지금처럼 하나님의 역사를 뚜렷하게 체험하지 못한 채, 그리고 죽고 나서 이보다 더 나은 상태에 들어간다는 아무런 보장도 없이 목숨을 잃고 만다면 어떻게 되겠나?'

'그럼 지금 내가 어떻게 해야 할까?'

'뭘 망설여! 어떤 수단을 쓰더라도 일단 감옥을 빠져나가는 게 우선이지.'

'…'

이런 유혹은 존 번연을 갈등의 늪에 빠지게 했다. 그는 이런 일을 두고서 후에 다음과 같이 말하기도 했다.

당시 유혹자의 말은 나를 크게 당황하게 했다. 왜냐하면 그 당시 상황에서 내가 교수형을 당하지 않을 것이라는 보장은 어디에도 없었고, 나의 영적 상태 역시 빈곤했기 때문이다. 사실 그 당시에는 죽을 각오가 전혀 되어 있지 않았고, 하나님나라의 영광에 대해서도 무감각했다.

유혹자의 말을 들으면서 나는 이런 망상도 해봤다. '내가 사다리를 타고 간신히 교수대 위까지 올라갔다고 하더라도 너무 겁을 먹은 나머지 두려워 떨고만 서 있으면, 대적들은 내게 '하나님을 섬기는 자는 존 번연처럼 다 겁쟁이'라고 야유를 퍼부을 것이 아닌가. 그리고 이런 야유는 하나님의 백성을 한꺼번에 비난하는 꼬투리가 되고 말겠지.' 이런 망상에 사로잡히면 나의 얼굴은 금세 창백해졌고, 무릎이 서로 부딪칠 정도로 덜덜 떨렸다.

이런 두려움에 몰렸을 때 나는 감옥에서 나갈 수 있는 길을 생각해보지 않을 수 없었다. 가만히 앉아서 교수형을 기다린다는 것이 너무 어리석게 여겨졌기 때문이다. 정말 최대의 영적 위기였다.

혼란의 상태에 빠져든 존 번연은 하나님께 울부짖었다. 그러나 그의 절박한 상황 가운데서 하나님은 오히려 침묵하셨다. 그는 죽음이라는 두려움에 붙잡혀 있었기 때문에 자기를 매달아 교수형을 시킬 밧줄이 머리 위에서 내려오고 있다는 착각에 빠져 몇 번이나 정신이 아찔해지기까지 했다.

이렇게 고통 속에서 번민하다가 그는 한순간 혜성같이 밝고 찬란한 생각이 떠올랐다.

'가령 내가 이런 상태로 지금 교수대 위에 올라 그곳에서 최후의 말을 남길 수 있다면, 그리하여 내가 남긴 그 한마디를 듣고서 단 한 사람의 영혼이라도 깨어나 하나님 앞에서 회개하게 된다면, 나의 생애가 반드시 헛되게 끝났다고 할 수는 없어. 또 만약 그 시간에 나도 주님처럼 나를 죽이는 원수들을 용서해달라는 기도를 하고 최후를 맞이할 수 있다면 그보다 더 장엄한 인생이 어디 있겠는가!'

그것은 분명한 하나님의 응답이었다. 그런 깨달음은 즉시 존 번연을 죽음의 수렁에서 끌어올려주었다.

물론 그 후로도 유혹자는 존 번연을 은밀히 찾아와서 여러 가지 질문들을 던졌다.

'그대는 지금 죽을 각오가 되어 있는가?'

'그대가 죽으면 어디로 갈 것인가?'

'죽음 이후의 상태를 지금 분명하게 알고 있는가?'

'과연 천국에 그대의 안락한 처소가 있는가?'

'그대가 죽은 다음에 하나님의 영광을 기업으로 받을 수 있다는 보증이 어디 있는가?'

유혹자의 질문을 받을 때마다 존 번연은 동요하지 않을 수 없었지만, 그 모든 유혹도 하나님을 전적으로 신뢰하는 신앙의 뿌리까지는 흔들지 못했다.

그는 이런 상황에 대해 훗날 사람들에게 이렇게 말했다.

내가 유혹자의 말을 들을 때마다 마음이 동요된 것은 사실이다. 때로는 어찌할 바를 모르기도 했다. 그러나 따지고 보면 내가 시련을 겪었던 것은 모두 그리스도의 진리 때문이다. 내가 그리스도의 진리에 서 있지 않았다면 그런 시련을 겪을 까닭이 없었다.

이런 이치를 알고부터 나는 어떤 어려움을 만나더라도 결단코 한 발자국도 물러서지 않겠다는 결심을 했다. 유혹자의 말을 듣고 내가 뒤로 물러선다는 것은 그리스도를 파는 일과 다름이 없었기 때문이다. 어쨌든 나는 그 후로는 유혹의 말에도 크게 흔들리지 않았다. 어떤 갈림길에 서게 되더라도 나는 언제나 예수 그리스도의 편에 설 결심을 했기 때문이다.

내가 오랜 감옥생활을 하면서 받았던 많은 유혹 가운데서 하나님의 존재 여부와 구원의 진리에 대한 회의만큼 치명적이고 견디기 어려운 것은 없었다. 이런 유혹의 습격을 받고 나면, 그리고 여기서 이겨내지 못하면 존재의 근거를 박탈당하게 되기 때문이다.

물론 일상적인 시련 가운데서도 위기를 느낀 적이 한두 번이 아니다. 예컨대 성경을 샅샅이 뒤져보아도 위로가 되는 말씀을 한마디도 찾아낼 수 없거나 더러 성경 말씀 전체가 마치 모래를 씹는 경우처럼 고역으로 여겨지는 때가 바로 그것이다.

나는 그동안 불신앙에 빠지기 쉬운 유혹을 이기려고 얼마나 몸부림치면서 싸웠는지 모른다. 그것은 인생을 건 영적 싸움이었다.

새 예루살렘 성으로

존 번연은 두 차례에 걸쳐
6년씩 감옥생활을 하고 나서 무려 12년 만에 감옥에서 풀려나 자유
를 얻게 되었다. 1672년, 그의 나이는 44세였다.

이 무렵에는 국가의 지도자들 사이에서도 신앙의 자유가 법으로
제정되어 선포되어야 한다는 여론이 강하게 일어나고 있었다. 그래
서 이런 여론의 힘에 의해 누구나 자유롭게 신앙을 선택할 수 있다
는 정책이 시행되기에 이르렀다. 당시 영국 국민들에게 그런 종교적
자유가 주어진 것은, 존 번연과 같은 불굴의 투사들이 목숨을 내던
지면서 싸웠던 대가이기도 했다.

존 번연이 감옥에서 나올 수 있었던 것은 시대적 상황이 그러했기
때문이며, 또 한편으로는 당시 국교회 성직자들 가운데 유력한 인사
들이었던 발로우 박사와 오웬 박사 등의 활동도 큰 도움이 되기도

했다. 이들은 존 번연의 처지를 누구보다도 깊이 이해하고 동정하여 그가 자유를 얻도록 만들자는 합의를 했고, 마침내 이들의 노력에 의해 그가 감옥을 벗어날 수 있었던 것이다.

발로우 박사와 오웬 박사는 번연이 풀려나도록 하기 위해 함께 머리를 맞대고 의논했다.

"존 번연이 감옥에 갇힌 지 꽤 오래됐지요?"

"그럼요. 그가 처음 갇힌 때가 1660년이었으니까 벌써 12년이 지난 셈이지요."

"이젠 더 이상 그를 감옥 안에 가두어두어서는 안 된다는 생각이 드는데, 어떻습니까?"

"동감입니다. 그동안 시대적 상황이 많이 달라져서 국가도 이젠 더 이상 어떻게 할 수 없을 정도로 비국교도의 세력도 확장되지 않았습니까?"

"혹시나 오랜 옥고에 지쳐 존 번연이 감옥 안에서 죽기라도 해보십시오. 그러면 그를 추종하는 이들 때문에 나라 안에서 큰 사태가 벌어질지 모릅니다."

"맞아요. 그가 이제까지 감옥에 갇혀 있게 된 죄목도 알고 보면 우리 국교회를 반대했다는 것 외에는 아무것도 없으니까요."

"우선 우리 두 사람부터 힘을 모아 그가 석방되도록 노력합시다."

사실 오웬 박사는 존 번연이 체포당하기 이전부터 그가 성경적으로 잘못된 것이 없다는 것을 잘 알고 있었다. 존 번연이 런던에 와서 설교할 때마다 기회가 생기면 틈틈이 그의 설교를 경청했기 때문이다.

그는 존 번연의 사면을 청하기 위해서 왕을 찾아갔다.

"그래, 그대도 존 번연의 설교를 들었단 말인가?"

"그렇습니다, 폐하."

"학위를 지닌 학자가 하찮은 용접공의 말에 귀를 기울이다니, 그대의 학문이 아깝지 않은가?"

"폐하, 만약 제게 그 용접공만큼의 신앙과 재능이 있다면 저는 기꺼이 제 학문을 버릴 용의가 있습니다."

발로우 박사와 오웬 박사의 노력은 효과가 있어 존 번연은 결국 감옥에서 풀려나게 되었다.

그가 출옥하자 예전에 그의 설교를 듣고 그를 따르던 성도들은 매우 기뻐했다. 이들은 그의 출옥을 기대하며 오랫동안 기도해왔다.

"드디어 존 번연이 나왔다."

"하나님은 절대로 무심한 분이 아니시다."

"이제 그의 입을 막을 자는 아무도 없을 것이다."

누구보다도 그의 출옥을 기뻐한 것은 베드퍼드교회의 성도들이었다. 존 번연은 그때까지도 이 교회에 교적을 두고 있었기 때문에, 이들은 신앙적인 문제로 감옥에 들어가 있는 그를 위해 기도하며 관심을 가지고 있었다.

그리고 그들이 존 번연의 출옥을 기뻐하는 데는 또 다른 이유가 있었다. 이제까지 교회를 훌륭하게 이끌어준 기포드 목사가 그즈음 세상을 떠났는데, 교회에서는 후임자로 존 번연을 선임해두었기 때문이다.

기포드 목사가 세상을 떠났을 때 베드퍼드교회는 후임자를 놓고 의논하기 시작했다. 그러나 대부분의 의견이 같았다.

"존 번연 선생님은 어떨까요? 선생님의 출옥이 멀지 않았으니까요."

"맞습니다. 지금 시대도 그렇고, 또 여러 사람의 움직임도 그렇고 곧 풀려날 것입니다."

"그러니 그가 감옥에서 나오면 기포드 목사님의 후임자로 모시는 게 어떨까요?"

"좋습니다. 그 분만큼 양심적인 신앙을 가진 사람도 없으니까요."

이렇게 하여 존 번연은 1672년 12월 12일에 목사와 장로를 겸하여 안수를 받고 나서 베드퍼드교회의 성직자가 되었다. 그리고 그는 60세의 나이로 세상을 떠날 때까지 16년 동안 사역했다.

지금도 베드퍼드교회의 일지에서는 다음과 같은 기록을 찾아볼 수 있다.

1672년 12월 12일
우리 교회의 회중은 만장일치로 존 번연 형제를 목사 내지 장로 직분에 임명했다. 그는 이를 기쁘게 수락했고, 예수 그리스도와 그분의 교회를 위해 봉사하기로 결의하여 오늘 안수를 받게 되었다.

존 번연은 출옥한 후 감옥에 있는 동안 물심양면으로 도움을 준 사람들을 일일이 방문했다. 그리고 그들이 베풀어준 사랑과 친절에 대해 진심으로 감사해하며 앞으로 더욱 하나님의 일에 힘쓸 것을 약속했다.

그 다음 그는 여러 가지 원인으로 어려움과 고통 가운데 있던 사람들을 방문했다. 그는 신음하고 있는 사람들을 만날 때마다 하나님의 사랑을 전하고, 신앙의 힘으로 참고 견뎌내도록 격려하고 위로했다.

존 번연은 고난당하는 자들을 만나면 다음과 같이 격려했다.

"이 세상에서 하나님 때문에 잃은 것은 절대로 잃은 것이 아닙니다."

"육체가 아픔을 견딜수록 영혼은 더욱 풍요로워집니다."

"고통을 통해 주님은 우리의 인격을 다듬으십니다."

그는 굶주리는 가난한 자를 만나면 구제품을 모아서 전해주었고, 병든 자를 방문할 때는 진심으로 그들을 위로하고 용기를 주었다. 시험을 당해 고민하는 자들을 만나면 말씀으로 권면했다.

이때를 그는 이렇게 회상하며 말했다.

나는 한 사람 한 사람의 고통스러운 모습을 대할 때마다 그들을 죄와 병과 가난에서 구해야겠다는 마음으로 권면하고 위로하고 격려했다. 하나님께서 그들의 고통에 동참하고자 하는 심정을 주시지 않았다면 어떻게 그들을 위로할 수 있었겠는가. 나의 도움을 필요로 하는 사람이 있다면 아무리 멀다고 해도 나는 사양하지 않고 달려갔다.

또 존 번연은 가정을 화평하게 하는 일에도 적극적으로 나섰다. 가정이 깨지고 가족간에 불화로 힘들어 하는 사람들을 찾아가 기도하고 말씀으로 권면하며 눈물어린 진심으로 가정의 소중함을 발견하도록 하는 모습은 정말 평화의 도구였다.

그가 정식 성직자로 임명받고 안수까지 받고 베드퍼드교회에서 사역을 시작하자 교회는 날이 갈수록 부흥했다. 성도들이 점점 늘어났고, 얼마 지나지 않아 교회당을 더 넓게 지어야 할 정도로 교회 규모가 커졌다.

존 번연이 교회당을 넓혀 새로 짓겠다고 하자, 교회의 성도들은 적극적으로 나서서 헌금을 했다. 먼 곳에 살고 있어서 베드퍼드교회의 성도가 아닌 사람들도 새 교회당 건축을 위해 헌금을 보내주었다.

많은 사람의 정성으로 새 교회당이 완공되었다. 새로 지어진 교회당은 꽤 넓었다. 그런데도 헌당 예배 때 많은 사람들이 모여들어 교회당에 들어오지 못한 사람들이 더 많을 정도였다.

그는 이전에도 평신도로서 여러 사람 앞에서 설교를 했지만, 성직자의 신분으로 서는 것은 또 다른 책임감과 감격이 뒤따랐다. 그가 설교하기 위해 단상에 올랐을 때, 그동안에 있었던 일들이 떠오르면서 그 모든 것이 지금 이 순간을 예비하기 위한 하나님의 섭리와 절대 주권이었다고 생각하니, 하나님의 은혜가 더욱 감격스럽게 다가왔다.

그는 이런 일을 두고서 훗날 다음과 같이 말했다.

하나님께서는 옛날 모세에게도 그러하셨듯이, 특별한 교육도 받지 못한 내게 정말 큰 은혜를 주셨다. 나의 부족하고 둔한 입술을 사용하셔서 많은 사람들 앞에서 설교할 수 있도록 웅변적인 지혜로 함께하셨다.

존 번연이 제대로 교육을 받지 못한 사람이라는 이유로 그를 가볍게 여겼던 사람들도 그의 설교를 듣고 나면 생각이 완전히 달라지곤 했다.

오랜 고난을 겪으며 정금같이 연단된 존 번연, 그의 신앙은 말씀과 기도로 단련되고 단단해졌다. 더러는 흥미 삼아 찾아오는 사람들도 있었는데, 그들도 그의 설교를 들으면 크게 감동을 받곤 했다.

하지만 많은 학자들은 여전히 그의 학력을 빌미로 시비를 걸기도 하고, 그의 설교를 저울질하기도 했다. 언젠가 그들은 존 번연을 찾아와서 이런 질문을 했다.

"당신은 헬라어나 라틴어, 히브리어같이 원어로 기록된 성경을 가지고 있습니까?"

"아니오. 없습니다."

"원문도 읽지 않고서 어떻게 설교할 수 있죠?"

"하지만 주님도 깊은 지식과 학식으로 설교하지는 않으셨습니다. 가난하고 무식한 사람들도 알아들을 수 있도록 하셨지, 지식 있는 사람만 알아들을 수 있는 어려운 설교를 하신 적은 없습니다. 만약 내가 헬라어나 히브리어 같은 원어를 익혀야만 설교할 수 있다면, 설교를 듣는 성도들도 그 설교를 알아들을 수 있도록 먼저 원어를 가르쳐야 하지 않겠습니까."

그 후에 또 다른 학자들이 그를 찾아왔다.

"당신은 많은 사람들이 구원받기는 매우 어렵다고 늘 설교했다는데, 그게 사실입니까?"

"그런 설교를 한 적이 몇 번 있지요."

"그렇다면 그런 설교를 한 것은, 많은 사람들이 구원받기를 원하지 않기 때문입니까? 사랑이 없는 설교를 한 것은 아니냐는 말입니다."

"그건 꼬투리를 잡으려는 억지 질문 같군요. 예수님께서 좁은 길을 걷는 자보다도 넓은 길을 걷는 자가 더 많다고 하셨는데, 그러면 예수님도 많은 사람들이 구원받기를 원하지 않으셨다고 할 것입니까? 그렇지 않습니다. 예수님은 많은 사람들이 좁은 길을 걸어 구원을 받도록 만들자는 데 그 목적이 있으셨습니다. 나 또한 마찬가지고요. 내 설교는 언제나 많은 사람들이 구원받도록 하자는 데 그 목적이 있습니다."

존 번연은 무엇보다도 가정을 소중히 여겼다. 가정은 작은 교회요 작은 천국이라고 믿었기 때문이다. 그래서 그는 "오직 나와 내 집은 여호와를 섬기겠노라"라는 여호수아서 24장 15절 말씀을 자녀들에게 부지런히 가르치면서 그리스도인의 가정답게 화목한 가정을 만들어갔다.

그렇게 수많은 인생의 고비와 역경 속에서 그도 나이가 조금씩 들어갔고, 죽음의 때에 가까이 다가섰다. 그러나 그는 그의 나이를 생각지 않고 구원 사역에 더욱 열심을 다했다.

그러던 어느 날, 어떤 신분 높은 젊은이가 존 번연을 찾아와서 자기의 아픈 문제를 털어놓았다.
"목사님."
"어떻게 왔습니끼?"
"사실은 제가 아버지의 마음을 크게 상하게 해드렸어요…."
"무슨 일이 있습니까?"
"네, 이젠 저를 자식으로 여기지 않고 상속조차도 해주지 않겠다고 야단이니, 이를 어찌해야 할까요?"
"아주 단단히 화가 나셨나보군요."
"그렇습니다."
"지금 아버지는 어디에 살고 계십니까?"
"버크셔의 리딩에 살고 계십니다."
"꽤 먼 곳이군요."
존 번연은 잠시 생각을 하더니 다음날 다시 오라고 했다. 젊은이와 함께 그의 아버지를 찾아갈 생각이었다.
"감사합니다. 목사님."
존 번연은 이튿날 젊은이와 함께 말을 타고 버크셔에 있는 리딩으

로 향했다. 한 가정의 화목을 얼마나 소중하게 생각했는지 그의 이런 행동을 통해서도 알 수 있는 일이었다.

그 성과는 역시 좋았다. 분노에 차 있던 아버지가 아들을 용서한 것이다. 아버지는 아들을 끌어안고 울음을 터뜨리며 화를 풀었다.

존 번연은 돌아오는 길에 런던으로 갔는데, 그만 도중에서 폭우를 만나 온몸이 흠뻑 젖고 말았다. 그것이 탈이 났다. 그가 스노우 힐에서 잡화상을 하는 친구 스트라딕스의 집에 도착하자마자 온몸에 열이 치솟았다.

"이거 야단났군. 어떻게 해야 하지?"

존 번연은 고열에 정신이 희미한 가운데도 웃으며 대답했다.

"난 죽음이 조금도 두렵지 않다네. 죽으면 그리스도와 함께할 테니까…."

며칠이 지나자 그의 체력은 급속히 떨어졌다. 음식도 넘기기 힘들 정도였다. 존 번연은 마지막 때가 다가왔음을 직감하고, 흐릿한 의식 속에서 조용히 모든 것을 정리하고 있었다. 그가 마침내 친구의 집에서 숨을 거둔 것은 발병한 지 10일 후인 1688년 8월 12일이었다.

그는 번힐 필즈에 있는 친구의 묘지터에 매장되었다. 그리고 그의 비문에는 다음과 같이 새겨졌다.

'천로역정의 저자 존 번연은 향년 60세로 세상을 떠나 여기 이 침상에 누워 부활을 기다리노라.'

그는 임종 직전에 주위 사람들에게 이런 유언을 남겼다.

"이 세상에는 선한 것 속에도 악이 섞여 있기 마련이다. 그래서 명

예가 도리어 욕이 되기도 하고, 부유함이 걱정을 일으키며, 쾌락이 병을 만들어내기도 한다. 그러나 천국에는 그런 폐단이 조금도 없다. 영원한 기쁨만이 충만한 곳이다. 그러니 그 누구도 낙오자가 되지 말고 이 복락에 참여하기 바란다. 오 나의 주, 그리스도여!"

한눈에 보는 존 번연의 생애

1628년	영국 베드퍼드셔 주의 엘스토에서 태어나다.
1644년(16세)	어머니가 세상을 떠나다. 의회군에 소집되어 청교도전쟁에 참가하다.
1648년(20세)	신실한 신앙을 가진 아내와 결혼하다. 변화를 결심하고 국교회에 출석하기 시작하다.
1653년(25세)	존 기포드 목사를 만나 회심하다. 세례를 받다.
1655년(27세)	오랜 영적 갈등을 마치고 진정으로 변화되다. 자신의 이야기를 간증하기 시작하다.
1659년(31세)	아내가 세상을 떠나다. 엘리자베스와 재혼하다.
1660년(32세)	평신도 신분으로 설교했다는 죄목으로 잡혀가다. 이때부터 약 12년간, 1672년까지 수감생활을 하다.
1672년(44세)	베드퍼드침례교회의 목회자가 되다.
1678년(50세)	감옥에서 쓴《천로역정》제1부가 출간되다.
1684년(56세)	《천로역정》제2부가 출간되다.
1688년(60세)	8월 31일, 세상을 떠나다.

너는 담대하라 우리가 우리 백성과 우리 하나님의 성읍들을 위하여 담대히 하자
여호와께서 선히 여기시는 대로 행하시기를 원하노라

사무엘하 10장 12절

실천 · 적용 편

"용기로 하나님께 영광을!"

—

부록1. 하나님이 원하시는 마음밭 만들기

부록2. 말씀과 성품 씨앗 심기

하나님이 원하시는 *마음밭 만들기*

용기를 북돋워주는 격언을 읽는 것만으로도 문제해결능력이 개선된다는 연구 결과가 있습니다. 이렇듯 '용기'는 어려운 상황을 풀어주는 열쇠와도 같습니다. 성경에도 '용기를 가져라'와 같은 말씀이 많이 나오는데요. 두렵고 힘든 상황이 닥치면 하나님은 우리에게 '담대하라'라고 말씀하십니다.

존 번연은 정규 교육을 제대로 받지 못해 겨우 읽고 쓰기만 가능했던 가난한 용접공이었습니다. 많은 사람들은 그의 부족함을 내세워 그를 핍박했지만 그는 하나님의 넘치는 은혜에 감격하여 복음 전하기를 멈추지 않았습니다. 감옥에 갇힐 것을 알면서도 담대하게 복음을 전했지요. 용기는 그의 인생을 바꿔놓았습니다. 감옥에 갇히는 신세가 되었지만 감옥에서 쓴 그의 책은 전 세계 그리스도인의 삶을 바꿔놓았습니다. 하나님께서는 그의 용기 있는 복음정신을 눈여겨보시고 쓰신 것이지요.

우리가 하나님을 위해 용기를 가질 때, 어려운 상황에서도 포기하지 않고 담대하게 맞설 때, 바로 그때를 하나님께서는 주목하십니다. 감옥에 갇힐 수 있는 상황에서도 하나님의 복음을 위해 세상과 타협하지 않았던 존 번연을 높게 들어 쓰셨던 것처럼 말이죠.

지금 당장은 힘들고 외로워도 하나님은 늘 우리와 함께 계시기에 우리는 더욱 용기를 내어 어려움을 헤쳐 나갈 수 있게 됩니다. 여러분! 용기를 내세요. 담대함을 가지세요!

부록2 말씀과 성품 씨앗 심기

세상은 점점 더 무질서해지고 우리를 나약하게 만드는 것이 너무나 많습니다. 조금만 힘들어도 바로 그만두고 '좋은 게 좋은 거겠지'라는 마음으로 자신을 합리화시킵니다. 이미 스마트폰이나 컴퓨터 게임에 빠져 있는 친구들이 많습니다. 달콤한 유혹에 넘어가 하나님의 말씀은 온데간데 없어지고, 하고 싶은 욕구로만 마음속에 가득해집니다. 뿌리치기 힘든 유혹을 끊어내는 것도 용기가 필요합니다. 이것부터 할 줄 알아야 나중에 하나님이 맡겨주시는 큰일에서도 용기 있게 할 수 있습니다.

 말씀의 전신갑주를 입고 전진!

생활 속에서 용기를 실천하기 전에 먼저 하나님의 말씀으로 옷 입는 것이 중요합니다. 성경암송을 통해 소망을 마음판에 새기는 시간을 가져보세요(다 외웠으면 직접 적어보세요).

1단계 여호와를 바라는 너희들아 강하고 담대하라(시 31:24).

_____

_____

_____

_____

2단계 그를 향하여 우리가 가진 바 담대함이 이것이니 그의 뜻대로 무엇을 구하면 들으심이라(요일 5:14).

_____

_____

_____

_____

3단계 너희에게 이르는 것은 너희로 내 안에서 평안을 누리게 하려 함이라 세상에서는 너희가 환난을 당하나 담대하라 내가 세상을 이기었노라 (요 16:33).

_____

_____

_____

_____

_____

_____

4단계 내게 네게 명령한 것이 아니냐 강하고 담대하라 두려워하지 말며 놀라지 말라 네가 어디로 가든지 네 하나님 여호와가 너와 함께하느니라 하시느라(수 1:9)

_____

_____

_____

_____

_____

_____

생활 속에서 직접 해보는 용기 훈련

학교 약한 친구들을 보호해주는 용기를!

왕따 문제 등 학교폭력이 심각해지고 있는 지금, 여전히 친구들을 괴롭히는 일이 일어나고 있습니다. 우리는 약한 친구들을 괴롭혀서는 안 됩니다. 또한 괴롭힘을 당하는 친구가 있다면 그들을 보호해줄 수 있는 용기가 필요합니다. 담임 선생님이나 도움을 청할 수 있는 곳에 도움을 청해 그 친구를 도와줘야 합니다.

구체적 적용 몸이 불편하거나 약한 친구가 있다면 솔선수범하여 친구를 도와줍니다. 나서서 도와주는 것이 처음에는 쑥스러울 수도 있지만 하나님이 주신 '용기'를 내어 그 친구들에게 다가서봅시다. 그런 일들이 쌓이다보면 처음에는 쑥스러워 힘들었던 것이 나중에는 어렵지 않게 할 수 있을 거예요.

집 휴대폰은 이제 그만

시험 때면 이렇게 말하는 부모님들이 있을 거예요. "모두 백점을 맞으면 혹은 1등을 하면 스마트폰을 사줄게." 매우 매력적인 제안임에 틀림없어요. 그러나 실제로 등교 후에 휴대폰을 걷어서 교무실에 두었다가 하교할 때 주는 학교들이 많아요. 왜 그럴까요? 스마트폰이 주는 편리함보다 해악이 더 크기 때문이에요. 하지만 손에 잡으면 놓기가 힘들 정도예요. 내가 좋아하는 것을 줄이거나 끊는 것에도 용기가 필요하다고 앞에서도 말했지요? 단호하게 결심을 하고 할 수 있다는 용기로 '휴대폰 조금 사용하기'를 실천해보세요.

구체적 적용 집에 오면 스마트폰을 두는 장소를 정하세요. 가능하면 온 가족이 볼 수 있는 곳에 두는 거예요. 다른 가족들의 스마트폰도 함께 거기에 두세요. 그리고 사용할 수 있는 시간을 정해서 사용하는 거예요. 부모님도 이 일에 동참해주신다면 분명히 스마트폰을 절제할 수 있는 멋진 어린이가 될 수 있답니다.

규장 신앙위인 북스 18

존 번연

개정판 1쇄 발행	2014년 3월 13일
초판 1쇄 발행	1994년 11월 1일
초판 11쇄 발행	2007년 11월 9일

지은이	오병학		
펴낸이	여진구		
책임편집	4팀 ǀ 김아진, 김소연		
편집	1팀 ǀ 이영주, 김수미 2팀 ǀ 최지설, 김나연 3팀 ǀ 안수경, 유혜림		
책임디자인	이혜옥, 마영애 ǀ 전보영, 황혜정		
기획·홍보	이한민	해외저작권	김나은
마케팅	김상순, 강성민, 허병용, 이기쁨	마케팅지원	최태형, 최영배, 이명희
제작	조영석, 정도봉	경영지원	김혜경, 김경희
이슬비전도학교	최경식, 전우순	303비전성경암송학교	박정숙, 정나영, 정은혜
303비전장학회 & 303비전꿈나무장학회 여운학			
펴낸곳	규장		

주소 137-893 서울시 서초구 양재2동 205 규장선교센터
전화 02)578-0003   팩스 02)578-7332
이메일 kyujang@kyujang.com   홈페이지 www.kyujang.com
트위터 twitter.com/_kyujang   페이스북 facebook.com/kyujangbook
등록일 1978.8.14. 제1-22

ⓒ 한국어 판권은 규장에 있습니다.
이 출판물은 저작권법에 의해 보호를 받는 저작물이므로 무단 전재와 무단 복제를 할 수 없습니다.

책값 뒤표지에 있습니다.
ISBN 978-89-6097-217-9 03230

규 ǀ 장 ǀ 수 ǀ 칙

1. 기도로 기획하고 기도로 제작한다.
2. 오직 그리스도의 성품을 사모하는 독자가 원하고 필요로 하는 책만을 출판한다.
3. 한 활자 한 문장에 온 정성을 쏟는다.
4. 성실과 정확을 생명으로 삼고 일한다.
5. 긍정적이며 적극적인 신앙과 신행일치에의 안내자의 사명을 다한다.
6. 충고와 조언을 항상 감사로 경청한다.
7. 지상목표는 문서선교에 있다.

하나님을 사랑하는 자 곧 그의 뜻대로 부르심을 입은 자들에게는 모든 것이 合力하여 善을 이루느니라(롬 8:28)

규장은 문서를 통해 복음전파와 신앙교육에 주력하는 국제적 출판사들의 협의체인 복음주의출판협회(E.C.P.A:Evangelical Christian Publishers Association)의 출판정신에 동참하는 회원(Associate Member)입니다.